吉川健治 編

経済・
開発・
オルタナティブ

国際協力
の行方

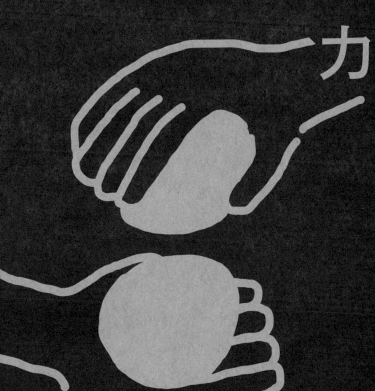

春風社

東洋英和女学院大学
社会科学研究叢書 8

国際協力の行方
経済・開発・オルタナティブ

目次

序章

国際協力
サステナビリティの確保に向けて
吉川健治　　5

第1章

資本主義の終焉、未来の経済
水野和夫　　19

第2章

グローバル化時代の社会保障を通じた
国際貢献
岡伸一　　39

第3章

オルタナティブな開発と教育
持続可能な開発目標（SDGs）における開発教育の課題と役割
湯本浩之　　59

第4章

EU の対外経済関係
EU 対外政策の展開と地中海諸国

高﨑春華　　85

第5章

商社ビジネスの国際貢献
14年間駐在したアフリカにフォーカスして

是永和夫　　103

第6章

中小企業の国際協力志向型海外展開を通じた貢献

丸山隼人　　121

執筆者紹介　　141

序章

国際協力
——サステナビリティの確保に向けて

吉川健治

はじめに

　国際協力とは何かといえば、行為主体の国境を越えた働きかけといえるのではないだろうか。行為主体には国家、非政府組織（NGO）などの民間団体、企業、労働組合や協同組合といった諸団体が挙げられよう。これらはそれぞれが何らかの動きをする時に、国際的な共鳴が起こると協力という形に変化する。国家が国家間で行う協議は双方の利害を反映する協力関係である。非政府組織の働きかけは、人権・平和・環境・開発に携わることで国際社会にインパクトをもたらす。労働組合の国際的な運動や協同組合の連帯経済も国境を越えて結び付きを深める。最近では個人も国際協力の力強い行為主体といえる。

　こうしたかつての働きかけに加え、現在はサステナビリティ（持続可能性）が全ての局面で問われるようになった。国連がイニシアティブをとって設定された持続可能な開発目標（Sustainability Development Goals, SDGs）は、地球社会を維持するために17の目標を設定したものである。全ての機関、団体が持続可能性を追求しないと未来の生活が成り立たなくなるという危機感の現れであり、国際協力の根幹をなすものとなっている。

その危機感は、諸団体に限らず市民にも共有されるに至っている。例えば、スウェーデンの高校生、グレタ・トゥーンベリさんの環境改善への訴えは、毎週金曜に学校を休み環境問題を啓発し続けた個人の活動だった。この活動が広く知られるようになると、共鳴する人々が各地で参加し、国際社会に大きく提言するものに至っている。また、ノーベル平和賞を受賞したマララ・ユスフザイさんもジェンダー平等を訴えている。教育の重要性とその普及に対する活動も一市民の活動といえよう。個人も国際社会に影響力をもたらす存在になっている。

ただ、SDGsの17の目標を全て達成するには、大きな社会経済の見直しが必要である。国家間の社会保障への取り組みはもちろん、グローバルに展開する企業活動、市民活動など地球社会に生きる全ての人々が、現在の社会経済のあるべき行末を考える必要がある。

本書はその社会経済の現状を論じ、あるべき未来とそのために現代社会に必要なことを考えることを目的としている。本書の各執筆者は、それぞれの専門の立場から現状と課題を議論しているが、本書の具体的な議論の例として、東南アジアの現状と課題、そして課題に対する1つの方策について述べてみたい。

1. 東南アジア経済の成長経緯と現状

1-1 順調な経済発展

第二次世界大戦後の経済政策は、大きく2つの潮流があると思われる。1つは戦後、平和を希求した経済体制であり、もう1つは1980年代以降のグローバル経済の進展である。こうした国際潮流はいうまでもなく、世界経済に大きな影響を与えたが東南アジア地域もその影響を受けている。まずこうした世界的な経済政策の潮流と東南アジアへの影響について俯瞰したい。

現在、東南アジア地域（とりわけ本章では、ASEAN諸国を念頭に

おいている)は経済成長が著しい。この発展は、いわゆる経済の新自由主義（Neo-Liberalism）の潮流に乗った結果といえるだろう。新自由主義政策は、1970年代のオイルショックなどの経済低迷の打開策として打ち出された政策だが、国境を越えて流通を活発にする経済活動は加速度的に世界各国に伝播していった。国内においては、国営企業の民営化によって市場を開放し、また関税などを下げて、輸出入の活性化を図った。各国が他国より進んだ独自の産業で国際市場において競争する比較優位の活用が結果的に経済に好影響を及ぼすとされた。

　グローバリゼーションを各国の比較優位を活かした市場主義的経済とするなら、東南アジア・ASEANの国々は見事にそれに適応しているかに見える。

　ASEANのほとんどの国々では、順調な経済成長率を見せており、ASEAN全体でも高い成長率を示しているが、とりわけ1990年代にASEANに加盟したベトナム（1994年加盟）、ラオスとミャンマー（1997年加盟）、カンボジア（1999年加盟）の4カ国も、2000年代以降、急激な経済成長を続け現在に至っている。世界銀行[1]によれば、2008年から2010年までの経済成長率は、ベトナムで、5.66％、5.40％、6.24％、ラオスは、7.82％、7.50％、ミャンマーは10.26％、10.55％、カンボジアは6.99％、2009年には0.09％と少し減速したが2017年には5.96％を維持した。この勢いに当面急激な変化は予想できない。

1-2　東南アジア経済成長パターン

　経済成長を続ける各国の経済政策には、グローバル化に対応した一定の共通性がある。まず、海外に市場を開放し、製造業を中心とした分野で直接投資を呼びかけるものである。製造業は労働集約型の産業で、多数の労働者を必要とする。1990年代にASEANに加盟した各国は、他国より安価な労働

1　世界銀行データベース https://data.worldbank.org/indicator/NY.GDP.MKTP. KD.ZG?view=chart　2020年3月2日閲覧

賃金を比較優位として捉えて海外投資誘致に成功しているのだ。各国の輸出産業を見てみると(外務省の資料参照)、製造業の輸出の割合が高い。これが共通するパターンの1つである。労働集約型は当然ながら労働力を吸収する。よって雇用の機会も増え、進出した地域での人々の所得は向上し、消費につながる。また教育も、進出企業が要請する水準に達するようにとのインセンティブが生まれ、就学率が上がることも考えられる。外資導入に伴う経済活性化は、全体に経済の好循環が生まれるといってよいだろう。

　実際に、先に挙げた1990年代にASEANに加盟した国々の首都、あるいは経済主要都市(ベトナムではホーチミン、ミャンマーではヤンゴン)では、高層ビルが散見されるようになり、ASEAN結成当初から加盟しているインドネシア、タイ、フィリピンなどの首都の様相に近づいている。東南アジアのほとんどの国々が目指すのは、工業国(Industrialized County)の形であることが理解できるとともに、人々もそうした近代化＝工業化路線に適応していくことを認識していることは確かであろう。

　ただし、急激な経済成長が人々の生活の向上に直結するものであるかは、また別の問題と考えられる。欧米、日本のように工業化した国々では、工業化の進展とともに、社会保障制度に代表されるように、人々の生活を安定させる政策に取り組んできた。特に第二次世界大戦後は、ジョン・メイナード・ケインズの影響で、完全雇用を目指して福祉政策も充実させるいわゆる福祉国家の充実も重要課題であった。ヨーロッパにおいては、こうした政策が重要視され、経済の恩恵を人々に配分することが国家・政府の大きな役割であった。つまり経済は重視するが、そこから得られた資源の分配は人々に向けられていたのである。

　日本を例に挙げれば、第二次世界大戦後の経済成長とともに進められた国民皆保険、年金制度など「社会開発」政策がある†2。

1-3 輸入代替政策からグローバル化への適応——新自由主義以前——輸入代替政策からの変更

実際に1970年代まで、国際的な経済格差を是正する方策として、ラウル・プレビッシュらが提起した先進工業国と開発途上国の構造的な問題が指摘されていた。国連開発の10年では、途上国といわれる国々は第一次産品の生産輸出国であり、しかも先進工業国の工業製品である輸入国である。工業製品の輸入を農業製品で補うには限界があり、途上国の貿易収支が改善しないのは必然である。とすれば、途上国内で産業を育成し、国内で生産すれば輸入の必要性は減じて、収支に好影響を与えるという考えである。

そこで、先進工業国からの国際開発協力は技術供与の重要性が叫ばれた。技術移転は、先進国の進んだ科学技術を途上国に伝えて各国の産業を育成する可能性があるからだ。また、第二次世界大戦後の福祉政策の充実に向けた取り組みにも寄与すると考えられた。貿易収支を改善し、国家の財政を安定させることが福祉の充実に寄与すると考えられたからだ。しかしながら、国内産業の育成・保護への取り組みが重要性を増すにつれて、政府の関与の度合いが深まり、政府の支出が拡大する。さらに保護された産業には非効率性が生じて、国際的な競争性を著しく下げる結果になった。

視点を変えれば、途上国全体の輸入代替政策が軌道に乗ると先進工業国は輸出先、つまり生産された工業品の需要を失い経済は衰退に向かわざるを得ない。輸入代替政策への変更は、先進工業国にとっても必要と認識されはじめた。

輸入代替を推奨するよりも、むしろ各国独自の比較優位を活かした競争的な経済体制にする方がよいという政策は、さっそく公的な国際金融機関である世界銀行、国際通貨基金（IMF）に構造調整政策（Structural Adjustment Policy, SAP）として取り入れ

2　吉川「経済開発と社会開発」山田満編『改訂版　新しい国際協力論』明石書店 2018

られた。国際市場により参入しやすいような「構造」に政策的に「調整」することを融資の条件とした。

　具体的には、国営企業の民営化、規制緩和、関税の調整など民営化によって市場のパイを拡大し、民間の競争的参入によって経済を立て直すという趣旨だ。市場を活性化するには政府の介入は少ない方がよく、市場に委ねることで、財政を圧迫する大きな政府も小さくなるという考えである。

　イギリス、アメリカがイニシアティブを取った新自由主義は、いわば市場が政府の規制から解放され、主体的自立的に動くことによって、経済が活性化して全体に裨益するという考え方だ。これが国際経済の潮流になったこと、また、国際金融機関が融資政策として取り入れ、その融資に頼らざるを得なかった途上国は、条件を受け入れて構造の調整に動いた。こうして輸入代替政策は大きく転換され、発展途上にある国々も国際的な市場経済の中での発展を目指していくことになる。

　国際情勢もこの進展を加速させる要因が起こった。ソビエトの経済改革である。当時のゴルバチョフ大統領が主導したペレストロイカは、東側ブロックにあった国々にも浸透しはじめ、経済政策の変更が相次いだ。東南アジア地域では、インドシナと呼ばれる旧フランス領のベトナム、ラオスが経済のリフォームに乗り出した。頑なな計画経済を実施していたベトナムで1985年にドイモイ（刷新）政策が始まり、外資導入によって市場経済の活性化を図った。ラオスも1986年「新思考」（チンタナカーンマイ）政策を発表し、市場開放政策に転換した。

　世界銀行、IMFからの融資条件も受け入れて、社会主義政権では当たり前であった国営企業の民営化にも取り組み、外資導入を果敢に行った。カンボジアは、1975年から1979年初頭まで独裁政権が続き、大量の虐殺の影響が1980年代以降も残った。1992年に国連の暫定統治以降、市場経済路線に入り、ASEAN発足時のメンバーもインドシナ地域に経済的関心を高めていった。結果、政治体制に違いはあるものの、経済政策はほぼ同じになり、1995年には、まずベトナムがASEANに加

盟、ラオス、ミャンマーが1997年に加盟、カンボジアが1999年に加盟して、現在のASEAN10カ国体制が生まれた。

　ASEAN域内ではかなり貿易自由化が進み、2015年にはASEAN共同体にまで発展している。ASEAN加盟国の総人口は、アメリカ、EUを凌ぎ約6億2千万人である。各国によって経済事情には開きがあるものの、生産地として、消費地としての魅力的な要素を持つこともその成長促進の要因の1つといえよう。

　東南アジア地域、特に冷戦当時西側に属していたASEAN結成時の5カ国は、70年代からこの比較優位を活かした国際市場への参入が始まっていた。見出した比較優位は労働力である。すでに先んじて経済成長路線に乗ったNIEs（韓国、台湾、香港、シンガポール）と同じ足跡を踏んだといってもよい。同様の政策で他国に比して安価である程度質の高い豊富な労働力を比較優位としたのである。低賃金であれば、生産コストは下がり、最終的な製品価格は低く抑えられる。労働集約的な製造業では低賃金は大きな武器となるのである。NIEsが外資を安価で質の良い労働力を持って誘致し、外資系企業が操業することによって、周辺産業の活性化という外部性を引き出し、資本の蓄積を図り、イノベーションに繋げて経済成長を維持する形態を、ASEAN各国が追随している。

2. グローバル経済の東南アジアと人々

2-1 未整備の社会保障政策

　ただし、1980年前後に始まった新自由主義化（サッチャー、レーガン路線、ワシントンコンセンサス）では、福祉政策運営による政府の肥大化やそれに伴う財政支出の悪化で、福祉の切り崩しが始まり、予算削減や国営企業の民営化などが加速され、市場による競争が奨励される事態になっていることは言うまでもない。日本でも競争を意識した市場において、労働形態も正規・非正規という構造が生まれ、そこに格差が生じている。

工業化した国々においても貧困の再認識など、かつてのいわゆる先進国では解決済みとされた問題が再び顕在化している。工業化が全ての人々に恩恵をもたらすことには再考が必須のことと考えられる。

ASEAN、とりわけ後発加盟国では、経済の伸びは順調で、都市の様相が示すように明らかに先進工業国を追うかのような発展の形態をとってはいるが、決定的な違いは、経済成長とともに福祉政策にあまり進展がみられないことである。医療、年金など福祉政策の生活に直結する分野への資源の分配がないままでは、経済の恩恵は人々に及ばないことが予想される。そればかりか、市場競争の奨励によって格差が生じてそれが拡大されることも必然といえよう。

いわば生活のセーフティーネットである社会保障の整備が遅れ、さらに市場競争によって拡大が予想される格差に対して、人々がどのように対応しているのかを考えることが経済成長の維持を考える上では必要である。労働集約型の産業に従事する労働者が経済成長の原資であり、それなしには経済の維持が不可能だからである。

近代化とともに都市化が進み、人口の移動に伴って相互扶助が機能しなくなることはよく言われるが、ASEAN後発加盟国ではそのリスクに対してどのように対応しているのか、その実際についてフィールド調査をもとに考えてみたい。

外資を積極的に導入して、輸出を増加させ経済成長に結びつける例として、カンボジアの現状を説明したい。カンボジアは特に縫製産業の誘致と生産に力を入れ、縫製関連の輸出割合も高い。これが人々にどのような影響を与えているのか、縫製工場に勤める人が多いプノンペン近郊の村の様子を述べていきたい。

2-2 伝統的な相互扶助システム

プノンペン市から地方の主要都市を結ぶ幹線道路には、市内を抜けると道沿いに工場が並んでいる。調査[3]を行ったカ

ンダール州は、プノンペン市に隣接する首都圏ともいえるが、プノンペン市中心から13キロメートルに位置するアンスヌール郡には特に工場が集中している。幹線道路から少し外れると田園地帯が広がるが、舗装が途切れたプレイピーチ地区クランリゥ村からも多くの女性が縫製工場へと働きに行っている。日中は若い人の姿が少なく見受けられる。実際に調査した7世帯では全ての若い女性が縫製工場に勤務していた。

　この村の概要を知るために、クランリゥ村・村長のソーマイの話をまずナラティブに記したい。ソーマイは、クランリゥ村に1943年に生まれ、(2018年当時)70歳である。ポルポト政権前には、村に学校があり、小学校5年を修了して、当時の制度の下、小学校の教員となった。ポルポト政権時は強制的に北部のプルサットに移動させられ、強制労働についた。この時代に妻、子ども、母親が殺され、残ったのは自分1人であった。ポルポト政権崩壊後に村に帰り、再婚して5人の子どもを得た。子どもはすでに独立し、プノンペン市内で働いている。プノンペン市から近いこともあって子どもたちは頻繁に帰省している。かつてはこの村の人々は農業に従事するのが普通で現在も農業を営んでいる者が多い。しかし、すでに老いているので自分が仕事するのは難しく、自分の土地は小作に任せて年間180キログラムの米を得ている。

　農業が中心の村なので、現金収入は公務員、教員でない限り安定的に得るのは難しい。現金収入を得るために出稼ぎに行くケースもある[4]。現金収入の少ない人には、政府が地区ごとに審査の上、社会保険カードを配布し、病院なども無料になる。しかし病院までは距離があり、交通費がかさむ上、診

3　2018年10月調査。この調査は、特定非営利活動法人「幼い難民を考える会」(CYR)の協力で実施が可能となった。同法人は対象となったクランリゥ村で幼稚園を運営している。記して感謝したい。
4　筆者が2018年調査した際は、現金収入を得るためタイ・チェンライ県の果樹園に出稼ぎに5年ほど行っていた女性の話を聞くことができた。ランブータン農園で働き、月に5千バーツ(約1万7千円)ほどの収入になったという。

察時間もかなり短い。

　現在は、子どもたちへの教育は重要と皆が考えるようになり、積極的に学校に行っている。自分の子どもたちも娘は大学を卒業し、他の子どもたちも中学校まで卒業している。

　村長・ソーマイの話から、村の現状は以下のように集約されよう。

① まず村はそもそも伝統的農村であり、ほとんどが農業に従事していた。
② ポルポト政権時に村は壊滅的な被害を受けるものの現在は、安定している。
③ 稲作が中心で土地法によって田んぼは確保され、田んぼの所有権を持つものは主食である米はなんとか賄える。

　クランリゥ村は典型的なカンボジアの農村といえるが、近隣に縫製工場があることが村を豊かにしている。7世帯の調査では、若い女性が縫製工場で働くことによって現金収入が得られるからだ。2019年時点でカンボジアの最低賃金は月190米ドルである。

　縫製工場で女性が働く世帯は、その母親が日中世話を行い、病気の際も治療代の支出が無能である。実際、脆弱な社会保障制度でも治療費があればある程度のレベルの治療が可能になる。伝統的な扶助システムが人々の生活を支えている。一見、経済政策に乗った豊かさはあるが、この経済成長が続くかに依存していることが課題である。

　途上国の経済成長にはある程度の限界があるともいわれている。一定の水準までは、経済が成長を見せるものの、その後停滞するという「中所得国の罠」†5である。外資の導入、輸出拡大、国内消費促進による、経済の活性化が経済成長のシナリオだが、安価な労働力も賃金が上昇し、いずれ外資から見た魅力が低下する。これを回避するには、独自の技術開発、イノベーションによってより国際的な競争力を維持しなければ

ならない。

　安価な労働力を比較優位としつつも国際的な競争力をつけることは容易ではないだろう。どの国も適応できるとは限らない。

　上記の伝統的扶助システムも経済が停滞すれば崩壊は免れない。順調な経済成長も陰りを見せれば、それは人々の日々の生活に直結する。

3. グローバル化時代の「自立」を考える
── 国際社会に働きかけるべきもの

3-1 「自立」の再考

　では、そうした問題にどのように対応すればよいのか。1つの例をインドネシアで社会活動を実践する民間団体・ビナサワダヤ(Bina Swadaya)の自立運動[6]に求めたい。

　ビナサワダヤを主宰するバムバン・イスマワンは1936年生まれで1950年代から農民運動に取り組んだことが社会活動に参加した始まりという。農民組織が結成され20代で代表に選ばれると、その後労働運動などにも積極的に取り組み、農村開発はもとより印刷出版や小規模融資(Micro Finance)など活動分野は多岐にわたる。そのミッションは、貧しい人々、周辺化される人々を対象とし、収入向上や組織化を促して、生活を持続的なものにしていくことである。

　この使命に向けて彼が最大の目標としているは、「自立Self-reliance」である。自立というと生計を立てる、のように、経済面を考えがちだが、彼のいう自立は、従属から自由になるということを意味するという。

5　中所得国の罠については、例えば以下のサイトを参照されたい。世界銀行
http://siteresources.worldbank.org/DEC/Resources/84797-1154354760266/
2807421-1382041458393/9369443-1382041470701/Middle-Income_Traps.pd
f#search=%27middle+income+trap%27　2020 年 3 月 2 日閲覧
6　2019 年 3 月、バムバン氏へインタビュー。

2-3　自己責任化されない社会の形成——「自立」ということ

　社会保障制度が未熟である社会では、安定が上からもたらされるものではない。また、上に声を届けようにも術がない。それだけに、特段豊かではないが、ある程度の生活を可能にする弱い人々の連帯による組織的な扶助システムが、人々の「自立」にとって必要なものになる。たとえ独裁政権下であっても、世界経済がグローバル化の下にあっても、扶助システムが維持されれば、自分たちの生活がそれに左右されることは最小化される。これが前述の自立（あるいは従属からの解放）ということだろう。セーフティーネットは誰かが張るものでなく、自分たちが編み上げるという実践である。

　「周囲が変わっても変わらない自分」を作ることは、豊かといわれる国でも実現することは難しい。だが、この自立への試みは「変わらない自分」たちを創り出そうとしているのではないか、と考える。自立 = Self-reliance の reliance は、ラテン語の「結びつける」という単語から派生し、同根の言葉としてReligion（宗教）がある。Self-reliance は、自分に自信を持ち信頼することであるようで、ちょうどどこれに当てはまる。

3-3　現代社会——問題解決の突破口を探る

　いわゆる先進国の社会制度は工業化という前提の下に設計された。だが、実際には非正規労働、格差、子どもの貧困、介護など想定を超えた問題が噴き出していて、既存の制度では対応が困難になった。経済成長に伴う社会保障制度の充実。もはやその前提自体が疑いの目で見られている。そして、格差、分断という社会構造が生み出す問題に対して、新しい対処法を見出せないでいる。

　SDGsの観点からいえば、まだ「誰かが取り残される」状態である。

　バムバンの活動は、社会問題に一人ではなく集団で対応する術を提供してきたといえる。

　こうして問題を共有する仲間と共通の利益を守る構造がで

きれば、基本的な生活の維持は可能になる。たとえ一時期、外資企業で働き解雇などで排除されることがあっても、集団は戻る場所として機能する。伝統的扶助システムの現代版ともいえよう。競争的で社会問題を生み出す要因ともなるグローバリゼーションからの離脱者も受け止める、誰をも排除しない包摂性は、SDGs達成の基本とも考えられる。

　国際協力とはさまざまな行為主体の国際社会への働きかけであるとすれば、現代的「自立」も働きかけの視点に入れてよい。

　本書はタイトルが『国際協力の行方』という遠大なものである。しかし、執筆の各氏の緻密な専門性で非力な編者を援助していただいた。

　行く末を考えるには、現状を知ることが何よりも重要であるが、資本主義体制自体の終焉を説く水野論文、グローバル体制の中で人々によってよりよい福祉とは何かを解く岡論文、経済思想の経緯から現代までを論じもう1つの社会を提起する湯本論文、国境なきグローバリゼーションの先進的な地域であるEUを取り上げた高﨑論文、ますます活発化する企業活動を紹介した是永論文、また、日本の援助の動向を丁寧に論じた丸山論文を通じて、国際協力のあり方を考える契機としていただければ幸いである。

【謝辞】

　貴重な論文をお寄せいただいた先生方に深く御礼申し上げたい。また、本書は東洋英和女学院大学国際関係研究所の叢書として出版された。同研究所の助成に感謝したい。最後になったが、遅れた編者の原稿にも的確な指摘を下さり、真摯に対応して下さった春風社の岡田幸一氏には深謝以外の言葉が思い浮かばない。

序章　国際協力——サステナビリティの確保に向けて

17

第1章

資本主義の終焉、未来の経済

水野和夫

　近代とは、経済的にみれば、科学と技術による成長の時代だった。経済成長とは、生産額から中間投入額を控除して得られる付加価値、いわゆるGDPを増加させることを意味する。自然利子率[1]は理論的には潜在成長率に等しいのであるから、10年国債利回りが概ねゼロ％で推移しているというのは、市場が将来の潜在成長率がゼロであると予想していることに他ならない。

　ゼロ成長下で企業の最終利益は61.5兆円[2]（2017年度）と、実質賃金がピークだった1996年度と比べて6.9倍にも増えている。その一方で、2018年の実質賃金は1996年比13.0％減（年率0.6％減）と対照的な動きをしている。ロバート・ライシュ（2008）がいうには「民主主義というのは自由で公正な選挙のプロセスをさすだけでなく、それ以上の意味をもっている。（略）民主主義とは、社会全体の利益につながる仕組みやルールを決

1　自然利子率が潜在成長率に等しいことの証明については、小田信之、村永淳（2003）を参照のこと。
2　財務省「法人企業統計年報」、全産業全規模ベースの数字。

定するために、市井の人々がほかの人々と手をつなぎあうことによってのみ達成することができるシステムだ」(p.5)。この観点からすれば、米国のみならず日本でも民主主義は機能不全に陥っている。資本の自己増殖を最優先する資本主義は、ゼロ成長が長期化すると当然のごとく労働分配率を引き下げる。

　ゼロ成長の原因は先進国の経済が成熟し産出額の増加率が鈍る一方で (第1節)、中間投入額にあたるエネルギーコストが高騰したことにある(第2節)。1バレル60ドルで推移し、企業がROE (自己資本利益率) を欧米並みの15-20％に引き上げようとすれば、実質賃金は一段と下落する。その結果、益々、二極化、階級化が進行することになる。そうした事態をいかに回避するかが21世紀の大きな課題であり (第3節)、その結果次第で資本主義の帰趨が見えてくる。資本主義が民主主義に勝れば、16 - 17世紀の「海賊資本主義」が再来し、民主主義が勝ればケインズのいう「利子生活者の安楽死」により資本主義が終焉する。

1. 蒐集の歴史の終わり──魅力的な投資先が見当たらない

　「資本主義は、歴史上、富を生み出すのに最も成功した経済システムである」(ギルピン(2001)p.1)。主語は「資本家」である。同時に資本主義は蒐集の対象を資本とすることで、社会秩序を維持するシステムである。1648年のウェストファリア体制以降、主権国家システムとなって主語は国民が加わり複数形となった。20世紀は「大きな政府」と福祉国家で大量の中産階級を生み出したが、それは同時に資本家へ富が集中しなくなったことを意味した。

　それは資本家にとって一大事である。元来、ヨーロッパが作った世界史とは蒐集の歴史である。「社会秩序それ自体が本質的に蒐集的」[3](エルスナー、カーディナル(1998)p.11)であって、「資本主義とキリスト教は物質的なものに向かうのと、物質

を越えた次元に向かうのと、蒐集の二つの極端を示している」（前掲書、p.11）。1970年代以降、資本家が望ましいと考える社会秩序が崩壊しつつあった。先進国の少子化の兆候と米国の事実上のベトナム戦争敗北によって先進国にとってフロンティアがこれ以上広がらないという失望、そして仕入れコストの高騰で付加価値（GDP）がこれまでのようには増えないという失望によって、資本家は利潤率が低下するとの危機感を抱いたのである。ゼロ金利となって懸念が現実のものとなった。

　資本主義は資本を「蒐集」し、キリスト教は「霊魂」を蒐集する。「魂」も貨幣となり「資本」となるのである。ゴーゴリが1842年に著した『死せる魂』において「チチコフはあちこちあさって死んだ農奴〔死んでも依然として有価物件だった〕を二束三文で買い集めるのだが、ロシア語で「農奴」も「魂」も同じ "dushi" で表わすのがこの寓話のみそである」とエルスナーとカーディナルが指摘している。資本主義はプロテスタントよりも、ローマカトリックやその派生であるロシア正教と親和性が高いのである。

　「資本」が利息のつく意味でつかわれるようになったのは、12世紀である。F・ブローデル（1986）によれば、「capitale（caput「頭」から派生した後期ラテン語の単語）は、十二―十三世紀ごろ、資産・商品のストック・銀塊あるいは利息の付く金の意味で姿を現わす」（p.288）。11世紀以降、中世において都市化と貨幣経済化が始まり、13世紀になると一段と進んだ[4]。「商業化は経済の指導権を土地所有者から商人へと移動させた」（前掲書、p.109）のだった。ここに土地持ちの財産家ではない、「金持ちとして

3　ジョン・エルスナー／ロジャー・カーディナル（1998）は、帝国や国家もあるモノを蒐集する手段だという。「帝国とは諸国、諸民族を集めた一コレクションなのであり、一国とは諸地方、諸部族のコレクションである。そして一民族、一部族もまた支配者と被支配者（すなわち蒐集者と蒐集物）に分けられる諸個人のコレクションと言える」（p.11）。
4　ブローデル（1996）は、ヨーロッパで都市化が13世紀に急速に起きたことを、グラフで説明している（p.112、図10）。

のみ存在する」†5（宮松浩憲［2004］p.5）階級†6が11、12世紀†7に誕生したのである。

　金持ちがブルジョアと呼ばれ、商人資本家から産業資本家へ、そして20世紀末からは金融資本とIT資本が合体して、21世紀初頭になるとGAFAに象徴される巨大資本家が誕生した。こうした巨大資本家はゼロ金利になった後に誕生したのだった。5000年にわたって記録が存在する金利の歴史において、金利がゼロになったのは20世紀末以降の日本とドイツが初めてのことである。最初に政策金利である短期金利がゼロになり、その効果が生じないと長期金利がゼロとなる。短期金利をゼロにするのは、デフレからの脱却が目的であるから、中央銀行の政策を信ずれば、将来のインフレを事前に織り込む長期金利は上昇するはずである。ところが、日独においてそうはならなかった。経済の成熟により需要が飽和する一方で、供給力は過剰となっているからである。

　日本で事実上のゼロ金利が採られたのは1995年7月だった。日本銀行が「過度の物価下落を懸念」†8するのを理由に利下げに踏み切ったときから始まり、すでに四半世紀が経過した

5　宮松浩憲（2004）は金持ちを次の3つの条件によって規定している。「第一の条件は、財産の主たる構成がお金または動産にあること。（略）第二の条件は金持ちとしてのみ存在すること。（略）第三の条件は個人としての存在のみならず、社会的集団を形成していたこと」（pp.5-6）。したがって、「金持ちである前に、王、族長、貴族、戦士などの肩書が示すように、高貴の生まれで、政治権力の掌握者または代行者」（宮松浩憲［2004］p.5）という金持ちのことではない。

6　ギデンズ（2015）は「階級を、同じ経済的資源を共有する人びとの大規模な集群」（p.321）と定義している。

7　金持ちが法的資料で確認されたのは11、12世紀であるので、この時点で「金持ちの誕生が正式に承認されたということである」（宮松浩憲［2004］p.238）。

8　日本銀行は1995年7月7日、金融政策決定会合で「今後、物価が過度に下落した場合の経済に及ぼす影響をも念頭に置きつつ、金融面から経済活動をサポートする力をさらに強化するため」、短期金利（コールレート）が公定歩合1.0%を下回る水準まで下がることを容認、いわゆる低め誘導を開始した。1995年当時の消費者物価（生鮮食品を除く総合）の前年同月比は4月から8月にかけて5ケ月連続マイナスを記録した。1970年以降の現行統計では、プラザ合

ものの、いまだ日本銀行は目標とする消費者物価上昇率（年2.0％増）を達成できないでいる。そうしたなかで日本銀行は2016年1月29日にマイナス金利政策を採用した。その直後の2月9日に10年国債利回りがマイナス0.035％と先進主要国で史上初めてマイナスを記録し[†9]、2016年11月中旬までマイナスが続いた。その後プラスに転じた10年国債利回りは、2019年年初からマイナス利回りで推移している。

　金利が公認されたのは13世紀初めである。ジャック・アタリ（1994）によれば、「1215年の第4回ラテラノ公会議では、利子が支払いの遅延にたいする代償、あるいは両替商の会計係の労働にたいする賃金、さらには、貸付資本の損失リスクの代価とみなされるときには、貨幣貸付けに報酬がなされてもよい、といささか偽善的に容認する。ただしあまりに《高い》利子は認められなかった。（略）教会は、西欧では33％が貨幣の《正当な価格》の認可ぎりぎりの線だと認めたのである」（pp.230-231）。

　金持ちが11世紀に誕生して、2世紀後に金利が公認され、利息のつく資本という概念が誕生した。いわば、資本主義の原型が見られることになる。そこで、13世紀初頭から現在にいたるまで、その時々で最も低い金利の国[†10]の金利をつないで図を描くと、800年の間にわずか6ケ国しか存在しない（図1）。スペイン、イタリア、オランダ、英国、米国、そして日本である。スペイン、イタリアは中世でもっとも繁栄した帝国と都市国家であり、オランダ、英国、米国、日本は国民国家である。

　ブローデルやウォーラーステインがいう「長い16世紀」（1450-1650年）は中世から近代への移行期である。当時の状況をブローデル（2004）は「「イタリアは自国の頂まで耕作されている」とグィッチャルディーニ〔1483-1540〕は『イタリア史』の

第1章　資本主義の終焉、未来の経済

意後の1987年1、2月と5月にマイナスを記録したのみで、それ以外は1995年3月まではマイナスになることはなかった。
9　世界で初めて10年国債利回りがマイナスとなったのは2015年4月8日、スイスでマイナス0.055％を記録している。
10　経済規模（GDPや人口）の大きい国を対象としているので、スイスは除外。

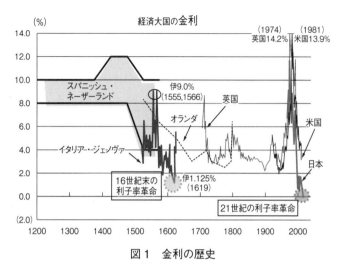

図1　金利の歴史

（出所）SIDNEY HOMER "AHistory of Interest Rates"、日銀「経済統計月報」

冒頭で得意そうに書いた」(p.102)と紹介している。それは、「イタリアは自国において、洪水で浸水した平野から山の頂上にいたるまで、当時の技術によって手に入れることのできる空間すべてを征服することに専念した」(前掲書、p.102)からである。20世紀末以降の日本も同じである。

　中世末期のイタリアの最も利潤率の高い国内産業はワイン産業で、これ以上ブドウ畑の耕作面積を広げることはできないくらいに、陸地の空間を埋め尽くした。21世紀はじめに工業国日本は、パネル工場を国内に数千億円かけて新設したが、韓国、台湾の日本を上回る大規模設備投資によって日本は敗北した。日本国内には魅力的な投資先はもはやなくなっていたのである。近代をつくったのは「海の国」であるオランダ、英国、米国である。7つの海を統一して世界市場をつくりあげてきた。

　マルクスがエンゲルス宛の手紙で書いたように、「市民社会の本来の任務は、世界市場を作り出すこと（少なくともその輪

郭だけでも）であり、その基礎にもとづく生産［機械制大工業］を作り出すことだ。世界はまるいので、このことはカリフォルニアとオーストラリアの植民地化と、中国と日本の開国で終結するように見える」[11]はずだった。「実物投資空間」はまさにBRICsの近代化で閉じたのである。そうであるから、GAFAに象徴される巨大IT企業がIT技術を駆使し、新しい「電子・金融空間」をつくってそこで巨大な利潤をあげている。

　しかし、このことは近代資本主義が終わったことを如実に物語っている。最初に資本主義という言葉を使ったゾンバルト(2016)は資本主義を次のように定義している。「これは流通経済組織であって、そこでは二つの別々の人口集団、つまり経済主体としての主導権をもつ生産手段の所有者と、経済主体のとしての賃金労働者が市場を介して結び付き、協調し、かつ営利主義と経済的合理主義が支配している経済体制である」(pp.301-602)。21世紀の現在、もはや資本家（生産手段の所有者）と賃金労働者の「協調」は存在しないから、資本主義は存在しないことになる。あるのは営利主義と経済合理主義だけである。

　自然災害やバブル崩壊をも資本増強のチャンスと考え、それを待ち望む「ショック・ドクトリン[12]」(大惨事便乗型資本主義)は、カール・シュミットやケインズやいう「海賊資本主義」(略奪資本主義)の再来である。21世紀のグローバル資本家は16世紀の海賊であり、20世紀末から崩壊しつつある中産階級は16世紀にイギリスの海賊に襲われたスペインである。産業革命以来、富を生み出すのは、AIなども含めた機械である。機械はエネルギーがないと無用の長物である。エネルギー価格が高騰してくれば、人件費を削減して利潤を高めようとする。それに対して防波堤の役を果たすのは国民国家だったはずであるが、21世紀の国家は頼りにならない。国家は資本の僕と

11　山田鋭夫・森田桐郎編著(1974)、p.14
12　クライン、ナオミ(2011)。

なりつつあるからである。

2. EORI（エネルギー収支比）の低下と交易条件の悪化

　交易条件は石油危機以降、悪化傾向が続いている。狭義の交易条件（以下、対外交易条件と表記）は日本にとって与えられた条件であって操作できない。円建て原油価格が日本の対外交易条件を決めるからである（図2）。GDPの三面等価の原則によって、対外交易条件増減率は次式のように定式化[13]することができる。

　　$a \cdot \varDelta$外需デフレーター（対外交易条件）＝$\varDelta$GDPデフレーター　　　　$-\beta \cdot \varDelta$内需デフレーター・・・(1)

　　$a \cdot \varDelta$対外交易条件＝$\gamma \cdot \varDelta$企業の交易条件＋$\theta \cdot \varDelta$家計の　　　　交易条件・・・(2)

　　$\varDelta$GDPデフレーター＝$\theta \cdot \varDelta$内需デフレーター＋$a \cdot \varDelta$外　　　　需デフレーター（対外交易条件）・・・(2)

　　（$\varDelta$は対前年比増減率）

　原油価格の高騰が続いて対外交易条件が趨勢的に下落傾向にあるとき（図2の第Ⅳ象限）、すなわち、(1)式の左辺がマイナスの値をとるとき、企業は利潤を増やそうとして自交易条件の伸びをプラスにしようとすれば、必ず家計の交易条件はマイナスの伸びとなる。1980年代以降のグローバリゼーションが世界を席巻するにおよんで、資本家（企業経営者）と労働者の力関係は前者が後者を圧倒するようになった。実質賃金を表す家計の交易条件[14]が低下するということは、家計の購買力が低下することと同じであり、内需デフレーターを構成する

13　計算式の導出方法は日本銀行「日本銀行月報」（1995年8月号、pp.60-62）を参照。(1) 式の3つの交易条件のうち、対外交易条件は輸出デフレーターの増減率から輸入デフレーターの増減率を控除したもので、輸出デフレーターには輸出金額／名目GDP比、輸入デフレーターには輸入額／名目GDP比が各々ウエートとして乗じられている。このウエートを (1) 式ではまとめてaで表している。β, γについても同様。

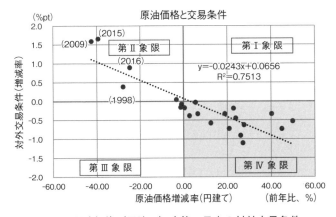

原油価格と交易条件

2.0
1.5 (2009)　　(2015)　　　　　　　　　　　　　　　　　　第Ⅰ象限
1.0　　　　　(2016)
0.5　　　　　　　　　　　　　　y=-0.0243x+0.0656
　　　　　　　　　　　　　　　　R²=0.7513
0.0 (1998)
-0.5
-1.0
-1.5　　第Ⅲ象限　　　　　　　　　　　　　　　　第Ⅳ象限
-2.0
　　-60.00　　-40.00　　-20.00　　0.00　　20.00　　40.00　　60.00

第Ⅱ象限

対外交易条件（増減率）

原油価格増減率（円建て）　　　　　　　（前年比、％）

図2　原油価格（円建て）次第の日本の対外交易条件

（注）データは1995 ～ 2017年
（出所）内閣府「国民経済計算」

消費支出デフレーターは上がらない。(2)式の右辺はどちらも
マイナスとなって、左辺のGDPデフレーターが下落する（デ
フレの継続）。

　1976年以降で原油価格（ドル）が最も安かったのは1998年の
12.72ドル／バレル[15]だった。石油危機以降1973年11月から
2002年12月まで原油価格は21.4ドル／バレルを平均として下
限13.6ドル／バレル、上限29.2ドル／バレルの範囲内[16]で推
移していた。2003年以降、この範囲内に原油価格が収まるこ
とはなく[17]、二桁の増加率で持続的に値上りしたのである。
1998年以降原油価格（円建て）が対前年比でプラスとなった15
回の年平均上昇率は22.3％[18]だったし、2003年以降2018年ま

第1章　資本主義の終焉、未来の経済

14　⊿家計の交易条件＝ w1・⊿名目賃金変動率－ w2・⊿消費者物価変動率、
W1 ＝雇用者報酬／名目 GDP、W2 ＝内需／名目 GDP
15　1983 年まではアラビアンライト、それ以降は北海油田のブレントの値段。
16　上限、下限は平均値に対して± 1 倍の標準偏差で計算。
17　日次データで 1973 年から 2002 年までの上限だった 29.2 ドルを下回った
のは、2015 年 2 月 8 日 29.07 ドル／バレルである。
18　1998 年から 2008 年までの 21 年間で、原油価格（円建て）が対前年比
二桁以上で下落し、対外交易条件が改善したのはわずか 4 回しかない。ただ

で、原油価格(円建て)対前年比でプラスとなった10回の年平均上昇率は21.3%だった。年2割強値上りする原油価格は対外交易条件を年0.48%ポイント悪化[†19]させる。

(1)式にあるように、GDPデフレーター増減率は内需デフレーターと対外交易条件の合計であるから、GDPデフレーターが対前年比で継続的にプラス、すなわちデフレから脱却するには、内需デフレーターが前年比で0.49%ポイント以上改善しなければならない。しかし、内需デフレーターがこの条件を満たしたのは、この21年で4回しかなく、うち2回は1997年と2014年の消費税引き上げ効果によるもので、あとの1回は2008年で、米国のバブルがピークに達した年である。もう1回は2015年で公共投資と企業設備デフレーターが上昇したので内需デフレーターがプラスの伸びとなった。

原油価格高騰による輸入デフレーターの上昇がなかなか内需デフレーターの上昇に結びつかないのは、先進国の過剰貯蓄がBRICs諸国の投資を急激に拡大させ、世界規模で供給力が増大したからである。グローバリゼーションは新興国の近代化で原油需要を高め、(1)式の左辺を恒常的にマイナスにさせる。同時に、グローバリゼーションは企業の国際競争を激化させ、ROEを欧米企業並みの水準に収斂させる。これは、(1)式の右辺第一項をプラスにさせることを意味するので、左辺の第二項である家計の交易条件(実質賃金)が残差となる。

原油価格が著しく上昇し始めた2002年以降、日本経済は世界経済の拡大に連動して、2008年まで72ケ月にわたる長期の景気拡大期が続いた。2001年には24.4ドル／バレルだった原油価格は2008年には年平均で97.3ドル／バレルまで上昇し

し、原油価格が下落して対外交易条件の改善が微増(プラス0.05% pt)だった2001年を除く。

19　図2で示した回帰式 y =− 0.0243·x + 0.0656 に、x = 22.3を代入すると、y =− 0.48 が得られる。x =原油価格（円建て）の変動率、y =対外交易条件変動率。

た[†20]。その後リーマンショックで急落したが、2011年から13年にかけて100ドルを超えた。しかし、2014年秋から原油価格はサウジアラビアが需給調整を放棄して増産を続けたので急落した。その結果、2013年から始まった戦後最長の景気回復期[†21]において2018年までで原油価格（円建て）は年平均で3.8％下落した。

そこで、原油価格が石油危機以降最安値を付けたあとの原油高騰期を4つの区部にわけて、対外交易条件の変化が企業と家計にどのように影響したのかをみることにする（図3）。

［Ⅰ］1998年から2017年までの全期間
［Ⅱ］1997年以降4回の不況期[†22]
［Ⅲ］2002年から72ケ月続いた景気回復期
［Ⅳ］2013年からの戦後最長となった景気回復期

対外交易条件の増減が、企業と家計の交易条件にどのような影響を及ぼしたかを計算すると、［Ⅰ］の全期間を通していえることは、原油高期なので、対外交易条件がマイナスの伸びとなっていることである。次いで、グローバル競争の激化で企業は自らの交易条件を引き上げようとして、企業の交易条件を改善させた。そのしわ寄せはすべて家計に押し付けられた。［Ⅱ］期の不況期における特徴は、世界経済の低迷期でもあるので、原油価格と輸出物価はともに下落に転じ、対外交易条件は横ばいとなる。しかし、不況期には企業リストラが断行されるので、企業の交易条件は改善する。

不況期には通常企業リストラで賃下げが行われるので、家計の交易条件は大きく悪化する。それが正当化されるのは、

20　WTI 先物価格は2018年7月11日、ザラ場で一時147.27ドルを記録した。
21　今回の景気回復は2012年11月を景気の「谷」として、翌12月から始まった。
22　1995年以降現在にいたるまで4回の不況期がある。1997年5月を「山」として1999年1月の「谷」まで、次が2001年11月（山）から2002年1月（谷）まで、3回目が2008年2月（山）から2009年3月（谷）まで、そして4回目が2012年3月（山）から2012年11月（谷）まで。

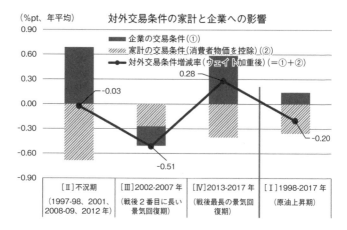

図3 対外交易条件の家計と企業への影響

（出所）内閣府「国民経済計算」

　景気が回復したときに企業は家計の交易条件の回復を優先することが最低条件である。しかし、過去4回あった不況期においても悪化した家計の交易条件が次の景気回復において回復することは一度もなかった。

　世界経済の同時拡大と原油価格高騰期と重なった2002年から2008年までの景気回復（[Ⅲ]期）においては、対外交易条件が年0.51％ポイント悪化し、企業と家計の交易条件はともに悪化した。一方、2013年からの戦後最長の景気回復（[Ⅳ]期）は原油価格下落期と重なったため、対外交易条件は改善したものの、家計の交易条件は改善しなかった。それどころか[Ⅲ]期の2002年からの景気回復期以上に悪化したのだった。結局、景気が良くても悪くても家計の交易条件は悪化したのだった。

　2013年から現在にいたる戦後最長の景気回復期（[Ⅳ]期）は、2011年〜13年まで100ドル／バレルを超えていた原油価格が下落に転じたので、対外交易条件は改善した。しかし、家計の交易条件が悪化したのは、実質GDP成長率が1.2％成長と[Ⅲ]期より低く、かつ企業がROE重視の経営を一段と強めたから

である。それを後押ししたのが、政府である。2014年8月に経済産業省は「持続的成長への競争とインセンティブ〜企業と投資家の望ましい関係構造〜」プロジェクト（伊藤レポート）という名の報告書を出した。政府が企業にROE経営を迫ったことで、企業は対外交易条件の改善を家計に還元するどころか、賃下げを実施して企業利益を一段と増やしたのである。そのため、［Ⅲ］期において企業の売上高営業利益率は2.9％（2013年度）から4.0％（2017年度）へ高まった。

3. EROIの低下とROE重視の経営で一段と悪化する生活水準

　対外交易条件が悪化し、かつ企業がROE経営を重視しているかぎり、景気の良し悪しに関係なく家計の景況感が改善することはなく、個人消費支出は一向に盛り上がらない。日本銀行が3ケ月に一度、公表している「生活意識に関するアンケート調査」によれば、家計の景況感[23]は今回の戦後最長の景気回復にもかかわらず、景気回復のスタート直後の2013年6月に景況感D.I.はマイナス4.8までマイナス幅が縮まったものの、その後徐々に悪化に転じている（図4）。2018年12月調査では、2013年6月とくらべて10％pt悪化し、マイナス14.3％ptとなった。景気回復の恩恵が家計に感じられないのは、対外交易条件の改善以上に企業は自らの交易条件を改善させるからである。

　今後、実質賃金の動向を決めるのは、原油価格とROE経営である。原油価格が(1)式左辺にあたる対外交易条件を決め、ROE経営が(1)式右辺の第一項を決める。原油価格（WTI先物）を今後も現在と概ね同じ価格（1バレル60ドル）で推移すると想定すれば、(1)式の左辺の値はプラス0.11となる[24]。次に左

23　「1年前と比べて、今の景気はどう変わりましたか」という質問に対して「良くなった」と回答した人の割合から「悪くなった」という人の割合を控除した数字。

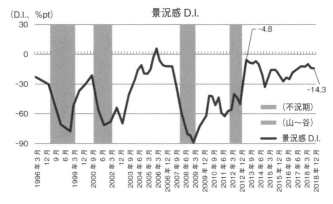

図4　戦後最長の景気回復下で悪化する家計の景況感

（注）「1年前と比べて、今の景気はどう変わりましたか」という質問に対して「良くなった」と回答した人の割合から「悪くなった」という人の割合を控除した数字。
（出所）日本銀行「生活意識に関するアンケート調査」

辺第一項は、企業がROEをどれだけ高めるかによる。2017年度の全産業・全規模ベースでみたROEは8.7％†**25**だった。「伊藤レポート」（経済産業省）によれば、最低値が8.0％で、「グローバル企業は世界の投資家を引きつけるために欧米並（15％レベル）を目指してほしいとの指摘があった」と述べており、暗に15％まで引き上げることを要求している。

$$ROE＝当期純利益／自己資本$$
$$＝売上高純利益率（ROS）×総資産回転率×財務レバレッジ・・・(3)$$

ROEを構成する3つの比率のうち総資産回転率と財務レバレッジの2つに関しては、日本企業は欧米の企業と大差ない。

24　5年後に原油価格（WTI）は60ドルになると仮定すると、図2の［Ⅲ］期の原油価格が平均で66.5ドル／バレルだったので、1年で1.9％下落することになる。図1の回帰式に x ＝− 1.9％を代入すると、y ＝ 0.11％ pt となる。
25　財務省「法人企業統計年報」による。

これらは各国固有の事情で差がでることはないからである。ところが、売上高純利益率は欧米企業と比べて日本企業は大きく見劣る。日本は資本係数（＝資本ストック／実質GDP）が高いからである[26]。日本のように貯蓄率の高い国は資本が過大となり、国内企業どうしで競争が激化し、販売価格を高く設定できない。そうした事情を無視して、政府がグローバルスタンダードを持ち出して欧米並みのROEを要求すれば、企業は非正規社員を増やしたり、人員削減をしたりして、賃下げを断行する。今後、ROEを15％以上にするには、(3)式の売上高純利益率を2倍に引き上げるしかない。

　(1)式の左辺がプラス0.11％ptという条件のもとで、ROEを現在の2倍に引き上げて15％以上にしようとすれば、売上高営業利益率を2倍にしなければならない[27]。売上高営業利益率と(1)式の右辺第1項の⊿企業の交易条件の間には正の比例関係があるので、企業は自らの交易条件を［Ⅳ］期と同じ0.58％pt改善するために、売上高純利益率を引き上げようとする。その結果、(1)式から残差として決まる家計の交易条件は、マイナス0.47（＝5.8-1.1）となる。家計の交易条件が年0.47％ポイント悪化するということは実質賃金が年0.9％下落[28]し、5年間で4.5％下落することを意味する。

　［Ⅳ］期には売上高営業利益率が1.1％pt改善（2.9％→4.0％）したので、今後5年間で［Ⅳ］期と同じだけ企業の交易条件を改善させれば売上高営業利益率は5.1％に上がる。8％に達するにはさらに2.9％引き上げる必要がある。さらに15年を要し

26　「伊藤レポート」（2014年）の37頁、〈図3、日米欧の資本生産性分解〉を参照。

27　売上高が大して伸びない状況下で法人税率や特別損失の発生が従来と同じだと仮定すれば、(2)式の左辺の第一項の売上高純利益率を2倍にするには結局、売上高営業利益率を2倍にする必要がある。

28　家計の交易条件変動率をx、実質賃金の増減率をyとすると、1995-2017年のデータで回帰式を計算すると、y＝2.0281x＋0.0321となる。x＝−0.47を代入すると、y＝−0.9を得る。

て売上高営業利益率を3.3％上げると、売上高営業利益率は8.4％になる。ようやくROEが15％を超えることになる。ただし、調査開始以来、売上高営業利益率がもっとも高かったのは1973年度の5.2％だったので、企業は過去にないようなリストラを迫られることになる。

　原油価格60ドルのもとでROE15％達成を最優先しようとした場合、企業はリストラをどれくらい強化しなければならないか（ベースラインシナリオ）をまず試算し、次にそれが非現実的だった場合に家計の実質賃金を下げないようにするにはどういう条件が必要か（原油価格下落シナリオ）を試算することになる。

　まず、ベースラインシナリオが実現すると、家計は「ショック・ドクトリン」に見舞われることになる。5年後に60ドル／バレルとなった原油価格はその後15年間横ばいだと仮定すると、対外交易条件の変動率はゼロ％ptとなる。企業は従来と同様に0.58％pt改善しようとすると、家計の交易条件は(1)式からマイナス0.58％ptとなる。これに対応する実質賃金は年1.1％減[29]である。

　ベースラインシナリオでは原油価格下落による対外交易条件の改善があってもその恩恵はすべて企業が享受することになるので最初の5年間で実質賃金は4.5％下落（年0.9％下落）する。その後対外交易条件変動率がゼロとなる15年間でさらに実質賃金は計15.9％下落（年1.1％下落）する。今後20年間で実質賃金は2017年の水準と比べて19.7％下落[30]する。1996年がピークだった実質賃金は、原油価格60ドル／バレル下でROE15％達成の条件下では、実質賃金はピークから30.2％下落し、1973年の水準に戻ることになる（図5）。

　つぎに、「ショック・ドクトリン」を回避し家計の実質賃金

29　$y = 2.0281x + 0.0321$ に、$x = -0.58$ を代入すると、$y = -1.1$ となる。
30　最初の5年間で4.5％下落し、次の15年間で15.9％下落するので、$(1 - 0.045) \times (1 - 0.159) = 80.8\%$となる。合わせて$100 - 80.3 = 19.7\%$の下落となる。

（2015年＝100）　　　　　実質賃金

図5　実質賃金は2037年には1973年の水準に後戻り
（出所）厚生労働省「毎月勤労統計」

をこれ以上減少させないためには、与件である原油価格がどれくらい下落すれば対外交易条件が0.58pt改善するかを計算する[31]。そのためには原油価格は年21.2％下落する必要がある。1年だけ下落してその翌年から上昇、ないし横ばいのままでは家計の実質賃金が再び下落するので、継続的に年21.2％下落することが必要である。仮に5年間原油価格が年2割強で下落とすると、原油価格は1バレル19ドルにまで下落する必要がある。原油価格下落シナリオも、実はベースラインシナリオと同様非現実的である。世界経済が大不況に陥らない限り、原油価格20ドル割れはありえない。

　企業のROE15％達成を前提としているこの2つのシナリオが非現実的だということは、企業はROE重視の経営を放棄する必要があることを意味している。現在の8％台のROEをこれ以上高めないというケース（ROE経営放棄ケース）で、原油価

31　このケースでは、企業は自らの交易条件を年0.58％pt改善することができる。

格60ドルを想定すると、対外交易条件は向こう5年間で1年あたり0.11％pt改善し、その効果を家計がすべて受けとるとすると、実質賃金は年0.26％[†32]しか上昇せず、5年間で1.3％の上昇にとどまる。これでは、1996年から13.0％まで低下した実質賃金の回復とはいえない。生活水準を取り戻すにはROEを引き下げるしかないことになる。

　原油価格は需給面からみれば、逼迫が予想される。近代化の真っ只中にある新興国では一人当たりエネルギー消費量が増加傾向にあるし、エネルギー獲得に必要な投入エネルギーが増加しているからである。前者だけであれば、原油価格が上昇する過程で、先進国の輸出が増加し、実質GDPの増加で対外交易条件の悪化を食い止めることができる。しかし、後者の場合であれば、世界経済の拡大ペース以上に原油価格が上がって、対外交易条件の悪化は企業収益の悪化か実質賃金の下落を招く。

　鉱物性資源の枯渇を原因としてEROI（エネルギー収支比、産出エネルギー／投入エネルギー）は低下する。多くのエネルギーを投入しないと従来と同じだけのエネルギーを獲得できないことを意味している。1970年代にはEROIは30倍と推定されていたが、現在は10倍を下回っている。EROIが低下しているということは、原油価格が安定して対外交易条件が悪化していなくても、たとえば自動車1台を生産するのに、エネルギー獲得のためのエネルギーを考慮に入れれば、1970年代の3倍のエネルギーを必要としていることになる。

　多くのエネルギーを使って先進国は完成品を生産しているので、資源価格の高騰は交易条件（＝輸出デフレーター／輸入デフレーター）を悪化させる。EROIの低下は原油価格の決定を市場に委ねているかぎり、必然的に交易条件の悪化をもたらす。以前よりも多く輸出（その象徴が自動車輸出台数）しないと従来と同じだけの輸入品（具体的には原油量）が得られなくなっている

32　$y = 2.0281x + 0.0321$ に、$x = 0.11$ を代入すると、$y = 0.26$ となる。

のであるから、より多くの輸出品を生産するにはより多くの労働時間を必要とする。ROE経営と資源の大量消費は国民の困窮化を招くことになる。

「より多く」生産し、ROEを高めることで資本を増やしてきた資本主義において、誕生以来有していた二極化を促進するメカニズムが再び作動し始めたのである。この作動を食い止めていたのが原油価格を事実上固定させていた国際石油資本や福祉国家をめざす「大きな政府」であった。ROEが10を下回って利用率が90％を切ってくると、エネルギーの希少財としての性質が前面に出てくる。石油価格を市場メカニズムに任せ、ROE経営を重視すれば実質賃金は原油が固定価格だったときの水準に戻ることになる。

富の公正な分配は国民国家の役割である。再分配は税を通じてしかできない。これまでの数十年の分配の歪みが446.4兆円†33にも達する企業の内部留保金や1859兆円もの個人金融資産†34となって表れている。過去の歪みは資産課税で対応すべきであり、毎年生ずる財政赤字は毎年の経済活動から生み出される付加価値に課税して縮小すべきである。資本主義が格差と貧困を生み出している以上、財政赤字を埋める財源を消費税の引き上げだけに頼るのではなく、まずは個人所得税、法人所得税に関して累進課税を強化することが先決である。そして同時に、8％に達したROEを引き下げていくことが望まれる。21世紀の日本にとって重要なことは、企業の「稼ぐ力」を高めることではなく、家計の購買力を高めることである。

33　財務省「法人企業統計年報」による2017年度の数字である。内部留保金は利益準備金、積立金、繰越利益剰余金の合計である。
34　日本銀行「資金循環勘定」による2018年9月末の数字である。

参考文献

アタリ、ジャック（1994）『所有の歴史　本義にも転義にも』山内昶訳、法政大学出版局。

エルスナー、ジョン・カーディナル、ロジャー編（1998）『蒐集』高山宏・富島美子・浜口稔訳、研究社。

小田信之・林永淳（2003）「自然利子率について：理論整理と計測」日本銀行ワーキングペーパー。

ギルピン、ロバート（2001）『グローバル資本主義』古城佳子訳、東洋経済新報社。

クライン、ナオミ（2011）『ショック・ドクトリン　惨事便乗型資本主義の正体を暴く』幾島幸子・村上由見子訳、岩波書店。

ゾンバルト、ヴェルナー（2016）『ブルジョア　近代経済人の精神史』金森誠也訳、講談社学術文庫。

ブローデル、フェルナン（1986）『物質文明・経済・資本主義　15－18 世紀　Ⅱ－1 交換のはたらき1』山本淳一訳、みすず書房。

――（1996）『物質文明・経済・資本主義　15－18 世紀　Ⅲ－1　世界時間1』村上光彦訳、みすず書房。

――（2004）『地中海〈普及場〉Ⅰ 環境の役割』浜名優美訳、藤原書店

宮松浩憲（2004）『金持ちの誕生――中世ヨーロッパの人と心性』刀水書房。

山田鋭夫・森田桐郎編著（1974）『コメンタール『経済学批判要綱』』（上）講座マルクス経済学6　日本評論社。

ライシュ、ロバート（2008）『暴走する資本主義』雨宮寛・今井章子訳、東洋経済新報社。

第2章

グローバル化時代の
　　社会保障を通じた国際貢献

岡伸一

1. 社会保障の国際化対応

国内政策から国際政策へ

　社会保障は、本来、国内の社会問題への対応の手段として出現した。社会問題は各国によって異なり、当然ながらそれへの対応である社会保障制度も国によって異なるはずである。例えば、国全体が貧しい国と比較的豊かな国とでは、貧困対策のニーズも異なる。従って、貧困対策としての社会保障制度は、各国独自のものとして形成されてきた。

　しかし、現在のグローバル化時代にあっては、世界中の多くの国々が同じような社会問題を抱え、対応も類似化している。国際化の影響を受けて、各国は社会保障に関しても互いに影響力を強めてきている。例えば、少子高齢化、移民問題、環境問題、男女平等問題等、多くの社会問題が世界中の国々で共

通する問題となりつつある。国内の社会保障改革に際しても、近隣諸国をはじめ国際的な潮流を意識せざるを得ない状況にある。ヨーロッパのように社会保障政策自体が統合化されつつある地域もある。

　社会問題自体が国際化しつつある時代に、対応すべき社会保障が各国別であると、有効な対応にはならない。例えば、大きな河川の汚染問題がある。言うまでもなく、汚染問題は生活を直撃し、周辺住民の生命に関わる。河川は近隣の複数国にまたがっている。汚染問題が深刻になると、一国の対応では意味がない。河川に面する国々が一致協力して行動しないと問題は解決しない。伝染病の問題も同様である。伝染病は国境に関係なく広がる。多くの国々が協力して活動しないと有効な対策が構築できない。

　国境は各国の法律の及ぶ範囲でもあり、政策効果の限界でもある。だが、国境を悪用するような勢力も存在する。国内政策の一環として成立した社会保障も、国内で完結しない状況に至っている。

国境を越える人への対応

　国際社会保障政策への誘引となるのは、人の国際移動の拡大である。ほとんどの国民が国内に居住し、外国に出て行くのが例外的であった時代は、特別なグローバル対応をしなくても大きな問題にはならなかった。ところが、無視できない数の人が外国からやってきて、逆に多くの国民が外国に進出していく時代になった今、当然ながらかつての対応ではすまされなくなっている。国境を渡って移動する多数の人々の社会保障について問題を回避するための施策が必要となった。

　他方、国内対応のはずであった社会保障であるが、現在は国際社会に貢献する手段としての役割も果たしている。対象者を様々な社会的リスクから救済するための手段としての社会保障が、現在ではより大きな意味を持つようになっている。先進国と開発途上国の間に介在し、社会保障は世界的な規模

で影響を及ぼしつつある。それは意図せざる結果であったか
もしれない。だが、実際に社会保障はいくつかの意味におい
て国際社会に貢献する役割を果たしつつある。今後は国際社
会に貢献する手段としての社会保障の役割を認識したうえで、
関連する政策を評価すべきであろう。

2. 移民拡大と揺れる受け入れ国

背景

　歴史を見てもわかるとおり、人類は古代から民族が国境を
越えて移動することを繰り返してきた。移動の勢いは、時と
ともに変わってきた。長期にわたって安定した時代が続き、
民族の移動もほとんどない時代もあった。他方、特定の民族
が移動を始めたことで他の周辺民族まで連鎖的に移動し、比
較的高範囲での民族の移動を伴う時代もあった。

　現在は、いろいろな要因が重なり、人の移動は新たな局面
に差し掛かっているのではないだろうか。国によって違いは
あるものの、地球全体としては人の国際移動がより活発な時
代になりつつあると言えるだろう。かつて、戦後の高度経済
成長期のように、圧倒的な労働力不足から外国人の受け入れ
を大幅に拡大した時期があった。今は、経済の好況・不況にか
かわらず、労働者の国際移動が活発化している。紛争地域の
拡大、分散による影響も大きい。他方、貿易自由化の流れによ
る影響も大きい。

ヨーロッパ統合の影響

　戦後のヨーロッパにおける統合の動きはヨーロッパ全体の
経済活性化を目指し、人の自由移動を推し進めてきた。欧州
石炭鉄鋼共同体（ECSC）による石炭・鉄鋼産業の労働者の国際
移動の推進から始まり、欧州経済共同体（EEC）では、特別職の
公務員等の一部の例外を除いて、あらゆる職種での労働者の
自由移動がヨーロッパ域内で展開されてきた。全加盟国市民

が他の加盟国に行って、自由に労働に従事することが認められた。ヨーロッパ統合を目指し、ヨーロッパ全体の経済を活性化させるために、労働者の自由移動が奨励されたのである。

1957年の創設時にはEECは6カ国の加盟国であったのが、これまで拡大を続け現在EU27加盟国まで拡大してきた。イギリスの離脱問題はあるが、まだ加入を希望する加盟候補国もあり、さらに拡大していくことであろう。ヨーロッパでは、自由に国境を越えて移動する人がさらに増えていくことになろう。人の自由移動が可能となる地域が拡大していることは、世界的にも少なからず影響を与えている。EU加盟国のいずれかの国に受け入れられれば、27カ国を自由に移動することが可能になる。自由移動圏の拡大は、世界中から人の吸引力を高めることにつながる。

世界的な難民・移民の急増

国連難民高等弁務官事務所（UNHCR）の報告書によれば、2016年の世界の難民数は6850万人で、ここ数年記録を更新してきており、現在も過去最高を記録している[†1]。中東地域における紛争、アフリカ各地での内戦等の影響で、国内に暮らすことを危険と感じた市民が先進国を目指して大量に逃れていった。特に、シリアでは国内勢力に国外勢力も加わり紛争は複雑な様相を呈し、問題の解決はますます困難化し、国内は戦場と化し、多くの市民が難民として国を離れつつある。

主としてアフリカやアジアからの移民が地理的にも近いヨーロッパに殺到した。加えて、世界中の開発途上国から無制限に経済移民が先進国に押し寄せている。政治紛争に限らず、貧しい国々からより良い暮らしのために先進国を目指す移民も多い。フィリピンのように政府が国民の海外移住を積極的に支援する国もある。就職を仲介するブローカーも存在する。

1　UNHCR, Statistic Yearbook, 2016

経済移民については、多くの国々で受け入れは慎重に判断している場合が多い。だが、国によっては、また職種によっては、大量に外国人を受け入れている場合もみられる。それぞれの国内事情によって、外国人に依存している側面がある。例えば、イタリアや台湾等における介護労働者としての外国人の受け入れの事例も該当するし、イギリスの看護師不足の解消のために、アイルランドやフィリピン等からの国際合意に基づく受け入れの事例もある。もはや、国内の労働力では人材が確保できない状況にあり、議論するまでもなく受け入れに傾いている。

ナショナリズムの再興

　外国人の拡大は、他方で、受け入れ国の国民の間で反発を強め、各国国内でナショナリズム勢力が活動を強化することもグローバル化時代のもう1つの側面になっている。その典型的な例がアメリカである。移民国家であるにもかかわらず、アメリカはトランプ政権になって一挙に外国人規制を強化した。新大統領は、メキシコとの国境沿いに壁を建てることを明言した。外国人の入国管理を厳しく制限しただけでなく、経済政策においても保護主義に転じ、諸外国と貿易摩擦を拡大させている。特定国の貿易赤字を解消するために対象を限定して関税を引き上げたり、輸入を規制して国内での製造を誘導して雇用拡大を目指し、貿易相手国との関係が悪化してきている。

　アメリカの他にも、これまで移民には寛容であった人道主義の強い国であっても、許容範囲を超える移民の到来に対して、一挙に反発に転じる国もある。他の先進諸国においても、外国人排除を主張する勢力が台頭している。例えば、外国人受け入れに伝統的に寛容であったカナダでも、外国人排斥の主張が強まりつつある。

　人の国際移動は、通常、隣接の国々で必要に迫られて展開されてきた。二国間協定によって、両国の合意を形成した場合が多い。隣接した両国が、人の往来を歓迎する場合も少な

くなかった。両国とも同じ利害を共有していたためであろう。ところが、現在の移民は遠方からも大陸を越え海を渡って一挙にやってくる。一国内の問題を超えて、ヨーロッパ全体や世界全体での対応に迫られている。

福祉国家の動揺

多くの難民や経済移民の受け入れをめぐってヨーロッパでも各国で意見が錯綜した。前述のとおり、外国人排斥を主張する勢力も各国で拡大した。外国人に対して比較的寛容であった国々の中にも、受け入れ制限に舵を切った国もある。人道主義は重視しながらも、限度を超えた移民の到来は態度を変える誘因になる。

この動きは、伝統的な福祉国家にも大きな影響を及ぼしていくことになる。世界中に衝撃を与えたのが、福祉先進国であるデンマークで2016年に外国人財産没収法が国会を通過したことであった[†2]。難民に比較的寛容であったデンマークが、高い福祉を通じて外国人が恩恵を受け、国民の負担する国家財政から多額の費用が難民にわたっていくことに嫌悪感を示した。難民とはいえ、自分の財産があるうちは自己負担で生活し、財産が無くなった時がデンマーク福祉サービスの出番であるとの主張である。同様の法律は既に他の国で実施されてきているが、福祉先進国であるデンマークもこの法律に踏み切ったことが世界の世論にとって驚きの的であった。

3. 貿易政策の一環としての外国人労働者の拡大

貿易自由化の進展

人の国際移動に拍車をかけつつあるもう1つの要因は、貿易自由化の流れである。貿易のさらなる自由化は、先進諸国

2　デンマーク事情については、次を参照されたい。岡伸一「移民・難民の急増と欧州統合」『世界の福祉年鑑 2016』旬報社、2016 年、40 頁

に共通する価値観の表れである。保護主義の揺り戻しも見られるようになったが、基調としてはサービス貿易を含めたさらなる自由化の路線が主流である。貿易拡大なしには、経済成長も望めない。これは先進諸国首脳が持つ共通認識である。

　貿易と言えば、工業製品や農産物を主な対象としていたが、次第に範囲が広がり、サービス貿易も重要性を増している。いろいろなサービスも貿易の対象となり、自由に取引されるようになった。医療や福祉もサービスの一環であり、当然ながら貿易の対象に含まれる。社会保障に含まれる各種サービスも、自由貿易の影響を受けている。

　日本は近年インドネシアやフィリピンから看護師、介護士を受け入れつつある。まず、強調しておきたいことは、このことは福祉政策、医療政策の一環として実施されてきたことではないということである。あくまでEPAという貿易政策の一環として推進されてきたという事実がある。2007年の日本・インドネシア経済連携協定（EPA）および2009年に調印された日本・フィリピン経済連携協定（EPA）に基づいて、両国から看護師や介護士が受け入れられてきた。

　ところが実際には、この政策には医療・福祉の労働組合や関係団体から職場が混乱するとか、労働条件が悪化する等の理由から反発も大きかった。それにも関わらず、政府は産業界の後押しを受け国益に合致するとして、強力に推し進めていったのがEPAであった。要求内容としては、日本側は人の移動は必ずしも要求しておらず、関税の引き下げやビジネス環境の整備、知的財産のルール等を相手国政府に要求していたが、相手国側が人の受け入れを強く要求してきた次第である。

　看護師、介護士は日本では人手不足の職種である。しかし、人手不足の職種は他にもたくさんある。医師も不足しているはずである。国内で人手不足であれば、本来はまず賃金や労働条件を改善すべきである。そうすれば国内でも供給が増えていくはずである。外国からの無尽蔵の労働力を認めてしまうと、労働条件は一向に改善しなくなる。

また、単純労働ではなくて専門職を強調するのであれば、やはり、看護師や介護士以外にも専門職はたくさんある。以前から日本国民の失業につながらないような専門職の外国人受け入れは、問題なく認められていた。今回新たに看護師、介護士に門戸が広げられたことになる。

二国間社会保障協定の展開

日本は1999年に最初の二国間社会保障協定をドイツと締結した。世界的には非常に遅い出来事ではあるが、日本の社会保障も遅ればせながらようやく国際化の時代に突入した。以後、2018年8月現在まで18カ国と社会保障協定を締結し、発効した。さらに、3カ国が同様の協定を締結し、発効を待っている状況にある[3]。今後も締結国が増えていくことは間違いない。

1904年のフランス・イタリア社会保障協定から始まるヨーロッパを中心とした二国間、あるいは多国間の社会保障協定は、国境を越えて移動する人の社会保障の権利保護を目的としていた。ところが、日本が現在進めている二国間の社会保障協定は、その中味は貿易政策の一環としての性格が浮き彫りになっている。国境を越えて移動する労働者は、出身国と現在の居住国との二国間でいずれの国の社会保障制度が適用されるのかという問題が生じる。各国は国内法で社会保障法の適用条件や受給条件を定めている。条件によって、移民は両国の社会保障が受給できない無適用にもなる可能性があるし、他方、両国の社会保障が二重適用される可能性もある。国内法の中にはこの問題を解決する手段はないため、二国間の社会保障協定が必要になる。

一連のヨーロッパにおける国際社会保障協定は主として無適用者の保護・救済を目指してきた。ところが、日本の社会保障協定は、無適用には一切関与せず、ひたすら二重適用の回

3　日本が締結した社会保障協定については、次を参照。日本年金機構のHP: https://www.nenkin.go.jp/

避に執着している。日本が締結する社会保障協定はほぼ年金に集中し、5年以内の滞在を予定する場合、現地雇用国の社会保障の強制適用を免除するというもので、一番恩恵を受けるのは、保険料の二重払いをする企業である。労働者も二重負担となるが、例えば、ヨーロッパではドイツとオーストリア以外は圧倒的に企業の負担割合が高く、労働者の負担は小さい。しかも、社会保障給付が二重に受給できる。場合によっては最低保証され、負担以上の便益に与れる。労働者にとっては二重適用は深刻な問題ではない。

　日本が締結する社会保障協定では、長期滞在者は蚊帳の外にあり、個人での海外移住者も無関係である。問題が深刻と思われる無適用者等には、何ら効力が及ばない。国際社会で問題の中心にある人には何も貢献しないで、比較的恵まれている日系企業の海外駐在員の負担軽減に貢献する協定である。

　また、両国の社会保障制度間で、現在雇用されている国の社会保障が優先適用される国際的な規定と異なり、日本はひたすら出身国主義を貫いている。つまり、日本の手法は国際社会と不整合であり、今後混乱をもたらす懸念もある。他にも、国によって制度対象が異なり、同じ職場で出身国によって異なる規定が適用されるなど、今後の問題が懸念される[†4]。

　こうした課題は残るが、社会保障協定の進展は結果としてさらなる労働者の国際移動を活発にする効果があることは間違いない。企業にとってはますます社員を海外派遣しやすくなるだろう。該当する両国間で、資本、商品、サービス、そして人の移動がより活発になる。企業の進出もますます増えるであろう。

4　詳しくは、岡伸一『グローバル化時代の社会保障』創成社、2012 年

4. 国際社会保障法の成果

ヨーロッパの外国人の権利保護の実績

　ヨーロッパでは人の国際移動を阻害しないようにするために、社会保障の「整合化」に関する「規則」が整備されてきた[5]。つまり、人の自由移動を促進するために、各国が連携を強化し、国際移動した労働者が社会保障に関して不利益を被らないように配慮されたものであった。EUにしても、欧州評議会にしても、国境を越えて移動する人の社会保障の多様な問題を解決する手段を法制化してきた。それにより、ますます多くの労働者が国境を越えて労働できることになり、域内全体の経済も活性化すると理解されてきた。

　EUも欧州評議会も加盟国はヨーロッパ諸国であり、成立した条約や協定も適用対象はヨーロッパ域内に限定される。あくまで域内の加盟国相互の取り決めではあるが、ヨーロッパではほぼ確定した手続きとして機能している。域外の第3国との間ではどのように対応するかは各国の自治に委ねられる。実際に第3国との間でも同様の規則で運用されている場合も多い。加盟国以外の国々からやってくる外国人に関しては、EUや欧州評議会の法律は原則として直接規定していない。

　しかし実際には、等しく外国人であって、EUや欧州評議会の加盟国出身外国人とそれ以外の国々出身の外国人で異なる扱いをすることは想定しにくい。もし、加盟国出身者とそれ以外の外国人で違う法律に従って異なる扱いをすれば、これは国籍による差別に相当する。従って、ヨーロッパ域内における社会保障法の成果による恩恵が、ヨーロッパ域外から来る外国人にももたらされることになる。時系列でみれば、EU域内での外国人への社会保障の保護に関する取り組みが、世界中の外国人労働者の社会保障へ影響を及ぼすことになる。

5　詳しくは、次を参照されたい。岡伸一『欧州統合と社会保障』ミネルヴァ書房、1999年。同『欧州社会保障政策論』晃洋書房、2016年

ここでヨーロッパで一般的に適用される社会保障法について、概要を紹介しよう。まず、EU社会保障法における社会保障の「整合化」に関する「規則」における基本原則を紹介したい。次の4つの基本原則がある。

　　(ア)一法律適用(雇用国主義)
　　(イ)内外人平等待遇
　　(ウ)給付の国外送金
　　(エ)資格期間の合算

　まず、外国人として二国以上の国々に関わる人の場合、必ず一国の社会保障法が適用される。二重適用も無適用も排除されるというのが第1の原則である。さらに、どの国の社会保障法が適用されるのかと言えば、出身国ではなく、雇用される国の社会保障が適用されるのが原則である。
　第2に、当該国民と同様の権利と義務が外国人の社会保障について認められる。外国人と国民との間で平等な待遇が原則であり、外国人を差別してはならない。間接的な差別も禁止対象となる。
　第3に、受給権が認められる場合、社会保障給付は国外へも送金される。つまり、かつての外国人労働者が、母国に帰国する場合も、社会保障給付は母国にまで送金してくれる。
　最後に第4の原則として、各国における資格認定期間の合算がある。各国間を渡り歩く外国人労働者はそれぞれの国の社会保障の受給要件である特定の被保険者期間を満たさないことで、いずれの国の社会保障制度も認められない場合がある。こうした事態に対応し、他の国々における被保険者期間を合算してくれることで、関係するすべての国々の社会保障制度が適用可能になる。
　なお、欧州評議会における社会保障法においては、ここでの資格期間の合算の原則に代わって既得権の保持の原則が挙げられる。一度認められた社会保障の権利は、生涯維持される。

決して消滅したり、拒否されることはない。申請期間の制限もないし、時効もない。国際的には当然の原則ではあるが、日本も含めてこの原則が遵守されていない国も少なくない。

一般外国人への拡張適用

これらの基本原則がほぼ遵守されることを想定すると、外国人帰国後の母国での社会保障給付の受給はかなり確実になる。退職後は帰国を希望する外国人も増える。老後は、昔から慣れ親しんだ土地で、親族や友人とともに過ごしたいと思うのはごく一般的なことであろう。また、同じ年金支給額でも、先進国で消費するのと母国で消費するのとでは物価水準の相違から生活水準に差が出てくるはずである。より高い生活水準を希望すれば、帰国する選択肢が増えるのではないか。

理論的には確かに以上のことが見込まれるが、実際に先進国側がこうした社会保障を通じた富の流出に応じられるのかという懸念がある。いろいろな条件が設定され、これを満たさない外国人は受給権を行使できないこともありうる。外国人に直接的のみならず間接的に差別待遇を施行する場合もある。

5. 先進諸国への貢献

労働力不足の解消

先進諸国は時によって人手不足に陥る。多くの先進国は少子化が進行しており、業種によっては労働力不足が構造的に慢性化している。特に、危険、汚い、きついの3K職種などは、先進国の労働者の間ではもはや人気を失い、失業率が高い時期にあっても募集に応じる労働者は少ない。外国人労働者の特徴の1つでもあるが、一度門戸を開けたら最後、無制限な労働力供給があり、気が付けば、外国人労働者に依存した社会になってしまう。国内では、もはや当該職種は外国人の行う仕事として認識され、それ以後は国内の労働者で補充するこ

とは不可能に近くなる。この傾向は先進諸国で等しく確認できる。

　介護労働者や看護労働者、他に特定製造業、建設業等において、こうした外国人労働者の進出が著しい。イタリアのように、短い期間に介護労働者不足から一挙に外国人介護労働者の急増に至った国もある。もはや、外国人を拒否したら、先進国の経済がうまく回らない状況に至っている。比較的安価な労働力が安定的に外国人によって提供されることで、先進国経済も成り立っている。

経済の活性化

　外国人は労働力を提供することで、先進国経済に大きく貢献することになる。各国の国際競争力を持つ基盤産業を外国人が支えることになる。国によって、産業によって、外国人労働者の存在がその経済力を下支えしていることになる。もし、外国人労働者をすべて排除してしまったら、労働力が確保できないばかりか、生産コストは急増して、国際競争力は一挙に下がってしまう。製造業であれば、もはや国内での製造が困難になる可能性もある。国内の労働力で製造すれば、製造コストが上がり、製造品が世界で売れなくなる。企業は経営不振に陥り、活力を失う。国の税収は下がり、社会保障の財源である保険料収入、国庫補助も引き下げられるであろう。経済の悪循環がくりかえされることになる。

　先進諸国には最低賃金制度があり、外国人でも最低賃金が保障されているので、外国人を受け入れても賃金は下がらないという主張もある。しかし、無尽蔵の外国人労働者が存在すれば、労働力の需給関係に応じた賃上げ等が提案されにくくなり、長期において賃金が据え置かれれば、他の職種と比べ、外国人の多い産業ほど賃金が相対的に低く抑えられる可能性が高い。

　国内に受け入れる外国人だけではない。多国籍企業が貿易政策の一環として、戦略的に海外進出することも頻繁に行わ

れている。つまり、場所は先進国国内ではないが、開発途上国の国内で、当該国民の労働力で製造した製品が世界で販売され、利益は母国にも還元されることになる。先進国に外国人を呼び込む必要もなく、逆に先進国企業が開発途上国に進出して、そこで事業を行うことで、開発途上国で雇用を創出し、投資し、利益を上げ、当該国に税を納める。これは先進国にも、開発途上国にも大きな経済効果をもたらす。

社会への貢献

　製造業における経済活動だけではない。外国人は多様な職業に従事するようになった。主に研修制度等を通じて農林漁業に従事する外国人も増えつつある。日本国民だけではもはや支えきれないような日本の伝統や文化をも外国人が支えているケースも散見されるようになった。医療や福祉領域で活躍する外国人も増えている。国民の間ではもはや人気がない職種に外国人が従事することが多くなりつつある。

　イギリスの医療サービスが典型的であるが、外国人の存在は必要不可欠になっている。イギリス以外にも、ヨーロッパでは旧社会主義諸国が揃ってEUに加盟して自由移動が有効になってから、建設業や農林漁業をはじめ、多様な分野で移民が増えた。長年にわたり外国人が定着してきており、外国人の受け入れの是非を議論する段階ではなくなっている。外国人の受け入れを止めれば、前述した製造業に限らず先進国の基本的な社会構造が崩壊してしまう危機も予想される。外国人は、先進諸国の経済の一部を構成する存在になっている。

　労働だけではない。外国人も特定地域に居住すれば、地域社会の一員となる。いろいろな形で地域社会にも貢献していくことになる。停滞していた地域にあっては、外国人によって活性化され、新しい魅力ある地域社会になることも期待される。

新たなタイプの移民受け入れ

　看護師や介護士のようにこれまでとは違った職種で外国人が受け入れられるということは新しい意味を持つ。もちろん、外国人と言っても個人によって適性がある。特定の産業、特定の職種に受け入れが限定されることは、外国人一般にとっては好ましくない。より多くの職種、多くの産業に受け入れることが、外国人にとっても可能性を広げることになろう。

　まず、製造業や建設業等は比較的男性中心であったが、医療・福祉業界は女性が多数を占める業種であることは国際的にも一致した事実である。もちろん男性も差別しているわけではない。これにより、開発途上国から多くの女性が受け入れられることになる。これだけでも大きな前進である。

　また、医療・福祉産業はとても人間的なサービス業務であり、人とのコミュニケーションもあり、利用者に感謝され、やりがいも感じることも多く、一般に孤立しがちな外国人には好ましいものと考えられる。さらに、製造業、建設業のような事故や職場災害の危険度も低く、一般に安全な職場と考えられる。開発途上国側からみれば、医療・福祉等の職種は健全で好ましい領域の1つと考えられるのではないか。

6. 開発途上国への貢献

母国への所得の移転

　外国人が先進国で雇用されれば、当然ながら当該国の同じ産業の同じ職種の最低賃金以上の賃金が保証される。先進国で安定した雇用にありつけ、母国に比べればより高い賃金を受け取ることができる。これだけでも外国人個人にとって、また、その出身国にとっても幸運なことである。

　さらに、多くの開発途上国出身の外国人は母国に残してきた家族や知人に賃金の一部を送金する。フィリピンのように、こうした同国出身者の送金が本国経済の大きな部分を構成している場合もある。送金しなくても、先進国に滞在中に労働

収入を貯蓄し、帰国する際に貯蓄を持って帰国すれば、やはり先進国の富の出身国への移転を意味する。そのお金を出身国で消費すれば、出身国の経済にも大いに貢献することになる。広い視点で言えば、先進国からの開発途上国への富の移転を意味するものであり、南北格差の縮小にもつながる。

技術や知識の移転

出身国にもたらされるのはお金だけではない。先進国で身に着けた技術や知識、能力等は、帰国後母国の発展に貢献する。個人の貯蓄を原資にして、身に着けた職業上のノウハウを生かして、母国で事業を立ち上げる人もいる。実業家としてではなくとも、いろいろな形で地域社会に貢献することが可能であろう。

開発途上国では一般に十分な教育や職業訓練が普及していない場合も多く、外国人として先進国での就労を経験することでレベルの高い職業教育となることも多い。開発途上国の中には、そうした意味合いを重視して、職業教育訓練の一環と位置付ける移民送り出しを計画する国もある。つまり、同国労働者の受け入れを先進国に要請するが、数年後の帰国を前提とした合意を求めてくる場合もある。最終的には母国で技術や知識を発揮してもらいたいという意図が読み取れる。

社会保障給付の受給

さらに、本稿で協調したいのは社会保障給付である。前述のような国際ルールに従えば、老齢年金、遺族給付、障害年金等の長期給付は、受給者が母国に帰ってからも生涯にわたり受給できることになる。先進国での労働が終わった後で本国に帰国した後でも、生存している間先進国から社会保障給付が移転されることになる。家族給付についても、こちらは労働者が先進国で就労中に、母国の子供を対象に支給することも可能である。ヨーロッパでは家族給付は内容が一般的に充実しているのは周知のとおりである。

先進国と開発途上国との間には大きな物価水準の相違がある。先進国では決して十分な水準ではない社会保障給付でも、開発途上国では十分な所得保障になることも珍しくない。先進国の社会保障を通じて、先進国の富が開発途上国に流れていくことになる。このこと自体は国際協力でもなく、当然の経済的行為の帰結である。だが、その効果は大きい。老齢、障害、遺族のいずれかのリスクに該当すれば、終生母国で先進国の社会保障給付を受給することが可能となる。

帰国後の社会貢献

　先進国に移住して看護師や介護士を経験して、外国人が母国に帰る日が来る。彼ら・彼女らは医療・福祉の最高の理解者となることは間違いない。医療や福祉の重要性、そして実際のサービスのノウハウを知り尽くしている。開発途上国では、ILO等の活動にもかかわらず、医療サービスや社会福祉サービスの導入には当該政府自体が消極的であり、なかなか進展しなかった。

　開発途上国では、医療保障や社会福祉サービスの大切さ、必要性を助言しても、なかなか理解してもらえない現実があった。そんな中、先進諸国で生活し、労働してきた実績のある同国民が帰国すれば、最高の理解者になり、システム導入への推進役になれる可能性が高い。

　製造業や建設業の経験者も母国に帰って、その技術や能力をもって母国の発展のために貢献することは可能である。しかし、同様の製造業や建設業が十分に存在しないとその知見を発揮する場が与えられにくくなる。それに対して、医療・福祉労働者の場合、母国に帰国しても身の回りで接する一人一人に役立つこともできる。母国に病院や福祉施設が増えることは、同職にあった帰国者にとっては喜ばしいことであろう。長期的な視野に立っても技術・知識の移植という意味でも母国の発展に大きな貢献になりえる。

7. 国際協力の新たな形

社会インフラ重視へ

　先進諸国は、開発途上国に対して様々な国際協力を展開している。開発途上国の経済発展や社会開発のためにODA等により直接二国間で支援したり、国際連合をはじめ国際機関を通じて多様な支援も展開している。日本が典型的であるが、経済インフラの整備のためのODA供与が大きい。アメリカはODAを自国の政治的世界戦略の一環として利用していると言われる。日本などは、ODAは主な貿易相手国に集中し、しかも内容は経済インフラの整備に多くが割かれている[6]。ひも付き援助が多いとの指摘もある。プロジェクトを実行するのはODA提供国の企業であったり、完成施設を利用するのはODA提供国の企業であったりする。雇用を生み出すODAプロジェクトであっても、一過性で終わってしまうことが多い。

　逆に、教育や社会福祉、環境等の社会インフラの整備にはごく少ないODAしか回されてこなかった。開発途上国のことを考えれば、工場や道路、港湾施設等を作るだけでなく、医療、教育、福祉関連施設を作ることがより重視されるべきではなかろうか。そのための支援が求められている。

　先進諸国で雇用機会を得て、母国に帰り先進国の社会保障給付を受けることは、社会インフラの整備の重要性を理解する人を増やすことにつながる。開発途上国の国民の中から医療・福祉サービスを促進していく人材を輩出していくことが、お金の提供にもまして重要であろう。資金が準備され、施設ができても、専門スタッフが不在であれば、組織は長期にわたって機能しない。

国際対応の国内法の整備

　現代社会では、一方で激烈な国際的な貿易競争があり国家

6　谷勝英『現代の国際福祉』中央法規出版、1991年に詳しい。

間で戦っているが、他方で、国際協力として先進国は開発途上国に経済支援も展開している。国際的な貿易政策と社会保障政策はまったく別の次元であると思われてきたが、実は表裏一帯の関係にある。二国間社会保障協定にしても、EPAにしても、その関係が如実に表れていた。貿易政策の決定に際しても、国際協力の視点も織り込んでいくことの必要性を主張したい。資金だけではなく、「額に汗した国際貢献」が強調されている。製造業に限らず、福祉、医療、教育、環境等の社会的な分野で広く先進国からの人材を派遣することが、開発途上国にとっても有益なことになる。

　総務省統計局の調査によると、2017年度の日本在住の外国人人口の総人口に対する比率は、1.22％と他の先進諸国と比べ極端に低い水準にある[7]。外国人受け入れ数を広げることだけで、開発途上国への大きな支援になりえることを強調したい。外国人を特別に保護する必要はない。外国人を差別なく国民と平等に扱うだけでよいのである。

　社会保障という制度を通じて、開発途上国に対していろいろな貢献を見込むことができる。社会保障を介して、お金も、人材も、技術も先進諸国から開発途上国に流れる仕組みができつつある。医療・福祉領域の開発途上国の人材が、労働力不足である先進諸国でサービス供給側に貢献し、所得を確保し、自らの社会保障給付を通じて母国に富の流れを導き、帰国後は母国の医療・福祉サービスに貢献する。先進国と開発途上国の双方に長期にわたる国際貢献の役割を担うことができる。こうしたことは拡大解釈をすれば、南北格差の縮小にも貢献するものといえよう。

　そのためには、前述のような社会保障の基本原則に基づいた国際化対応を各国が実施していくことが重要になる。先進国に限らず、より多くの国々が基本原則により近い運営を行っていくことが、広く求められる。

7　総務省統計局 HP: http://www.stat.go.jp

オルタナティブな開発と教育
——持続可能な開発目標（SDGs）における開発教育の課題と役割

湯本浩之

1. はじめに

　今や75億人を超える人々が暮らすこの地球社会は、わたしたちの日々の暮らしやこれからの将来を脅かす様々な問題や危機に直面している。たとえば、それらは貧困や格差、差別や抑圧、気候変動や環境破壊、民族対立や地域紛争などであり、これら人類共通の地球規模の諸問題を早急に解決していくことが国際社会の共通の課題となっている。こうした地球的課題（global issues）に関して今日の国際社会は、後述する通り、ミレニアム開発目標（Millennium Development Goals, MDGs）や持続可能な開発目標（Sustainable Development Goals, SDGs）などに合意し、各国政府や国連機関をはじめ市民社会組織（Civil Society Organizatio, CSO）や民間企業などが連携協力しながら、地球社会の危機を回避しようとしている。

　また、国際社会は地球規模の諸問題を解決していく上で、万人のための教育（Education for all, EFA）や持続可能な開発のた

めの教育（Education for Sustainable Development, ESD）を展開するなど、地球的課題の実現に向けて教育が果たすべき役割を重視してきた。事実、MDGsにおいても、SDGsにおいても、教育に関する目標（Goal）が設定されている。こうした国際情勢を踏まえて、現行の学習指導要領（平成20（2008）年告示）では、複数の教科の中に「持続可能な社会」という用語が採用されたほか（文部科学省、2008）†1、次期の学習指導要領（平成29（2017）年告示）では、その前文で「これからの学校には…一人一人の児童（生徒）が…持続可能な社会の創り手となることができるようにすることが求められる」と、学校が果たす役割として「持続可能な社会の創り手」の育成が明記された（文部科学省、2018a；2018b）。こうした学習指導要領の記述から見ても、日本の今後の教育がSDGsやESDを強く意識していることは明らかであろう。

　そこで本章は、まず2030年を達成期限とするSDGsの基本理念となっている「持続可能な開発」に着目し、これを「オルタナティブな開発」の一形態として位置づけることとする。その上で、この持続可能な開発を実現するために、どのような教育が必要とされているのかを検討し、今後、日本社会の中でSDGsを展開していく上での教育政策上の課題や役割をいくつか明らかにしてみたい。

　以下、第2節では、持続可能な開発という開発論が成立するまでの歴史的経緯を概観し、諸論の意味や内容を改めて確認する。続く第3節では、2015年に国連総会で採択されたSDGsの「目標4」やESDに言及されている第7ターゲット（SDGs 4.7）に着目して、SDGsがその達成目標に掲げている教育の目的や内容について検討する。そして第4節では、開発問題の解決を教育課題としてきた開発教育（development education）の歴史的経緯やその教育的特徴を確認し、SDGsを展開していく上で

1　たとえば、中学校指導要領の社会と理科の「本文」に2カ所ずつ記載されたほか、「解説」では、「総則」のほか、「技術・家庭」や「総合的学習の時間」にも記載されている。

の開発教育の今後の課題や役割を検討する。

2. 開発論の歴史的変遷
——近代化論、従属論そしてオルタナティブな開発論†2

　本節では、本章での議論の前提や背景として、第二次世界
大戦後に展開されてきた開発論を、近代化論、従属論、そして、
第三の開発論の3つに大別して、これらの理論的特徴を概観
しながら、「持続可能な開発」論が成立してきた経緯や背景を
確認する。

1）近代化論による国際開発の始まり

　そもそも西洋史でいう近代化の始まりを英国での産業革命
に求めるとすれば、近代化とは、18世紀後半から19世紀後半
にかけて欧米諸国で進展した工業化を基盤とする国家建設の
プロセスといえよう。そして、第二次世界大戦後になると、独
立間もない発展途上諸国の指導者らは、近代国家の模範的国
家像を欧米諸国に求めることとなった。つまり、近代化の遅
れた非欧米諸国の国家建設の諸政策は、欧米諸国に範を求め
てこれに追随すれば近代化が約束されるという大前提に立脚
していた。このように、近代化するための道筋は欧米諸国が
歩んだ路線以外にはないとする近代化論は、「単線的近代化論」
と呼ばれるが、それは、欧米主義、普遍主義、科学主義といっ
た西洋近代的な思想や価値観に依拠したものでもあった。す
なわち、欧米諸国の制度や様式を国家建設の理想や規範とし
て絶対視する欧米主義であり、欧米諸国の経験した近代化が、
歴史や文化を異にする非欧米諸国でも実現可能であるとする
普遍主義であり、そして、近代化は合理的な科学技術によっ
て成し遂げられるという科学主義である。

2　第2節は湯本（2010：13-18）の一部を加筆修正して再録したもの
である。

この近代化論を代表するものとして、ロストウ（1961:7-24）の「経済成長段階論」がある。これによれば、自給自足的な「伝統的社会」にある非欧米諸国は、「離陸のための先行条件」期を経て「離陸」した後に、「成熟への前進」を果たし、やがて「高度大衆消費時代」に至るという。この理論の中で、戦後の国際開発政策や国際開発研究、すなわち、先進諸国や国連機関が実施した様々な開発援助に関する諸政策や諸研究にとって重要だった部分は、「離陸のための先行条件期」であり、「伝統的社会の中で根本的な変化」、つまり「生産技術はもとより社会構造・政治組織等のすべてにわたってそれらを実質的につくり変えること」が必要であるとされた。

　こうした社会構造の変化や改造のために、鉄道や港湾や道路といった社会資本を整備し、工業化に向けた技術や資金を移転することが、1960年代に本格化する国際開発事業の中核となり、ロストウの経済成長段階論はその理論的支柱を担うこととなった。

2）対抗理論としての従属論

　第二次世界大戦の終結に伴って、英国やフランスなどの欧米列強が長きにわたって支配してきたアジアやアフリカなどの植民地から、1960年代にかけて多くの国々が悲願である政治的独立を果たした。これら新興の独立諸国の指導者らが次の目標に掲げたことは、国民国家としての経済的自立や社会的統合であった。そして、前述のロストウの経済成長段階論を理論的支柱とする経済成長路線は、近代国家として発展を約束するはずであった。しかし、1970年代に入ってその矛盾や弊害が明らかになるにつれ、途上諸国の経済学者らから従属論と呼ばれる対抗理論が厳しく提示されることとなった。

　この従属論の出発点となった議論に、アルゼンチンの経済学者であったプレビッシュの「中心－周辺」理論がある。彼は、産業革命以降の科学技術の進歩が、工業生産に特化する欧米諸国を世界経済の「中心」に押し上げる一方で、アルゼンチン

やブラジルなど、すでに19世紀前半に独立した多くの南米諸国を農業生産に依存せざるを得ない「周辺」に固定化させていると分析したのである（プレビッシュ、1961）。その後、プレビッシュは国連貿易開発会議（UNCTAD）の事務局長を務める中で、「援助よりも貿易を」という標語を掲げ、途上国の工業化や第一次産品の価格安定化などを提案することになる（国連貿易開発会議事務局、1964）。しかし、プレビッシュが提案した政策は十分な成果をあげるには至らず、彼の理論に対しても「先進国と同様な工業化を発展の手段とする点では、西欧近代化論と合致するものである」として批判や疑問が寄せられるようになった（佐藤、2004：97）。

　こうしたプレビッシュ理論を批判的に継承したのが従属論であり、ドイツ出身の社会学者であったフランク（1978a；1978b）は、先進国と途上国の関係を「中枢－衛星」という構造的な従属関係として捉え、世界は前者の工業化や経済成長のために、後者を支配し収奪する「世界資本主義」体制にあると分析した。また、エジプト出身の経済学者であるアミン（1980；1981）は、中心部と周辺部の不平等な国際分業や不等価交換からの脱却と自立的発展をめざすべきと主張した。

　1970年代に途上国側からの支持を集めたこれらの従属論は、「南」の貧困や停滞が、資本主義の理論や経済成長の構造そのものに起因することを告発し、その原因を「南」の政治や社会、文化や風土に求めた従来の経済理論に反旗を翻すこととなった。そして、国際経済や国際貿易の構造改革を求める非同盟中立諸国による資源ナショナリズムの機運とも連動しながら、1974年の新国際経済秩序（NIEO）の樹立宣言の理論的基盤となった。しかし、それ以降になると、非同盟中立諸国の東西両陣営への分断をはじめ、産油国と非産油国との利害対立、そして、世界銀行・国際通貨基金（世銀・IMF）による構造調整政策などといった時代の趨勢に対抗するだけの政策手段を講じることができなくなり、従属論は徐々に衰退していくこととなる。

3) オルタナティブな開発論としての内発的発展論と持続可能な開発論

　同じく1970年代には、近代化論や従属論に対するオルタナティブとしての「オルタナティブな開発論」が台頭する。具体的には、内発的発展論、人間の基本的ニーズ(BHN)論、人間開発論、社会開発論、参加型開発論、そして持続可能な開発論などであるが、ここでは内発的発展論と持続可能な開発論に着目して、その内容を確認する。

　内発的発展論の提唱者の一人として知られる鶴見和子(1996：9)は、「地球上のすべての人々および集団が、衣食住の基本的要求を充足し人間としての可能性を十全に発現できる条件をつくり出す」ことを人類共通の目標に掲げ、その「目標達成への経路と創出すべき社会のモデルについては、多様性に富む社会変化の過程である」として、西洋近代を唯一の模範とする単線的近代化論に異議を唱えた。このように内発的発展論は、従属論が告発した「中心・中枢」側が持つ政治経済的な権力構造を、「周辺・衛星」側が本来的に持つ内発性や多様性を基盤に変革していくというオルタナティブの提示に他ならなかった。

　他方、持続可能な開発論は、近代化論が持つ生態学的限界や環境倫理上の危機に対する1つの異議申し立てであった。すなわち、近代化論によって推進された経済成長最優先の工業化政策は、さまざまな自然環境の汚染や破壊をはじめ、生態系や希少動植物に対する脅威をもたらしてきた。こうした公害問題や環境問題に対しては、カーソン(1987)が1962年に出版した『沈黙の春』が反響を呼ぶなど、60年代から警鐘が鳴らされてきたが、開発と環境の問題が国連の場で包括的に議論されたのは、1972年にストックホルムで開催された「国連人間環境会議」(国際環境問題研究会、1972)の場であった。同年には、ローマ・クラブの最初の報告書となる『成長の限界』(メドウズ他、1972)が公表され、翌1973年には、シューマッハー(1986)が『スモール・イズ・ビューティフル』を刊行するなど、経済成

長優先の開発戦略に対する疑念や批判が高まることとなった。

　こうした「生態学的要請に適った開発戦略を探求するパラダイム」を武者小路公秀(1980:162)は「エコ・ディヴェロップメント」と称したが、環境と開発をめぐる議論は、やがてブルントラント委員会が1987年に公表した報告書『われら共有の未来』を通じて、持続可能な開発論として広く知られるようになっていく。持続可能な開発論については、その賛否や是非をめぐって、今日でも多くの議論があるが、同委員会が提示した「持続可能な開発とは、将来世代がそのニーズを満たす能力を損なうことなく、現在世代のニーズを満たす開発」、すなわち世代間公正と世代内公正をともに実現するような開発であるとする定義は今一度確認しておきたい(環境と開発に関する世界委員会、1987:28-29)。

3. 持続可能な開発目標「4.7」と持続可能な開発のための教育

　前節では、第二次世界体制後の開発論の展開を近代化論、従属論そしてオルタナティブな開発論に大別してそれぞれが成立した経緯や背景を概観した。本節では、オルタナティブな開発論のいわば今日的到達点ともいえる持続可能な開発目標(SDGs)の概要とその教育目標である目標4、そして目標4の第7ターゲットで言及されている持続可能な開発のための教育(ESD)について検討する。

1) MDGs からSDGs への展開

　本章の冒頭で述べたように今日の地球社会は、数々の地球的課題に直面しているが、これらの課題に対して国際社会は1990年代から一連のグローバル会議を開催してきた。たとえば、1992年にブラジルのリオデジャネイロで開催された国連環境開発会議(地球サミット)や1995年にデンマークのコペンハーゲンで開催された世界社会開発サミットなどである。これらの

第3章　オルタナティブな開発と教育

表1　ミレニアム開発目標（MDGs）の8つの目標

目標1	極度の貧困や飢餓の撲滅
目標2	普遍的な初等教育の完全普及
目標3	ジェンダー平等の推進と女性の地位向上
目標4	乳幼児死亡率の削減
目標5	妊産婦の健康の改善
目標6	HIV/エイズ、マラリア、その他の疾病の蔓延防止
目標7	環境の持続性の確保
目標8	開発のためのグローバルなパートナーシップの推進

出典：国連開発計画（2014）を参考に筆者作成

　会議の成果を集約する形で、2000年にはミレニアム開発目標（MDGs）に合意して、発展途上諸国の貧困や飢餓の撲滅などに取り組んできた。8つの目標（表1参照）が設定されたMDGsでは、一定の成果が見られたものの、多くの人々が世界の片隅に取り残される結果となり、貧困や格差の問題は先進諸国内でも深刻の度合いを深めている。

　こうした状況の中で、2015年9月に開催された国連総会では「わたしたちの世界を変換する：持続可能な開発に向けた2030年アジェンダ」（以下、アジェンダ2030）が採択された。そして、MDGsの反省や教訓から「誰ひとり取り残さない」と宣言したSDGsでは、貧困や飢餓、医療や教育、ジェンダー平等、水やエネルギー、雇用や技術革新、そして地球環境の保全などに関する17の目標が設定された（図1参照）。これらの目標に共通するSDGsの理念的特徴としては、統合性、普遍性、包摂性などを指摘することができよう。すなわち、統合性とは、持続可能な開発という概念を「経済」「社会」「環境」という3つの次元から統合し、経済成長、社会発展、環境保全の鼎立という困難な課題にあえて取り組んでいくということである。2つめの普遍性とは、MDGsの関心や対象が発展途上諸国に向けられていたのに対し、SDGsでは途上国と先進国の区別なく、す

図1　持続可能な開発目標（SDGs）の 17 の目標

出典:国連広報センター（n. d.）

べての国々や組織が17の目標に取り組むということである。そして、包摂性とは「誰ひとり取り残さない」というSDGsの標語が示す通り、持続可能な社会づくりのプロセスから排除されたり、脱落したりする人々が生まれないようにするということである。国際社会は、各国政府や国連機関をはじめ、民間企業や市民組織などの協働やパートーナッシップに基づきながら、こうした特徴をもつSDGsを2030年までに達成しようとしている。

2）SDGsと目標4——SDGsにおける教育の位置づけ

　SDGsはその目標4で「すべての人々に包摂的かつ衡平で質の高い教育を提供し、生涯学習の機会を促進する」という教育目標を掲げているが、アジェンダ2030のパラグラフ25で、これを採択した会議の参加者たちは、その意味を次のように説明している。

　　　わたしたちは、就学前教育から初等教育、中等教育、高

等教育、技術教育そして職業訓練にいたるすべての段階
において、包摂的かつ衡平で質の高い教育を提供するこ
とを約束する。性別や年齢、人種や民族を問われること
なく、たとえ、障害者、移民や先住民、子どもや若者であっ
ても、そしてとくに脆弱な状況下におかれていても、す
べての人々が、さまざまな機会を活用して、社会に十全
に参加するための技能や知識を獲得できるようになる
ために生涯学習の機会にアクセスできて当然なのである。

（United Nation, 2015）

この引用の中では最後の「社会に十全に参加するための技能
や知識を獲得できるようになるため」に注目したい。すなわち
「持続不可能な現代社会」を「持続可能な未来社会」へと変換し
ていくためには、「誰ひとり取り残さない」をモットーとする
SDGs では、これまで教育から排除されてきた人々も含めて、
すべての人々が社会に十全に参加していくことが必要だと考
えているという点が重要である。
　すべての子どもたちや大人たちが、教育の恩恵を享受でき
るように目標4には7つのターゲットが設定されている（表2参照）。
これを SDGs が引き継いだ MDGs と比較してみると、MDGs
で掲げられた教育に関連する目標は、目標2の初等教育の完
全普及と目標3のジェンダー格差の解消だけであった（表1参照）。
しかし、SDGs では、初等教育だけでなく、乳幼児の健全な発
育や小学校入学前の就学前教育、日本の中学や高校に相当す
る中等教育、大学や専門学校などの高等教育、そして技術教
育や職業訓練などに領域が拡大している。また、男女の区別
だけでなく、障害者をはじめ、移民や先住民など脆弱な環境
下に置かれたすべての人々に教育や学習の機会を提供しよう
としている。このように目標4は、非常に広範な教育の領域で
の変革を目指していると言えるが、上記の7つのターゲット
を各国はそれぞれの事情を考慮しながら2030年までに達成し
ていくことを約束したことになる。

表2　持続可能な開発目標（SDGs）目標4

4.1	2030年までに、すべての子どもが男女の区別なく、適切かつ効果的な学習成果をもたらす、無償かつ公正で質の高い初等教育および中等教育を修了できるようにする。
4.2	2030年までに、すべての子どもが男女の区別なく、質の高い乳幼児の発達、ケアおよび就学前教育にアクセスすることにより、初等教育を受ける準備が整うようにする。
4.3	2030年までに、すべての人々が男女の区別なく、手頃な価格で質の高い技術教育、職業教育および大学を含む高等教育への平等なアクセスを得られるようにする。
4.4	2030年までに、技術的・職業的スキルなど、雇用、働きがいのある人間らしい仕事および起業に必要な技能を備えた若者と成人の割合を大幅に増加させる。
4.5	2030年までに、教育におけるジェンダー格差を無くし、障害者、先住民および脆弱な立場にある子どもなど、脆弱層があらゆるレベルの教育や職業訓練に平等にアクセスできるようにする。
4.6	2030年までに、すべての若者および大多数（男女ともに）の成人が、読み書き能力および基本的計算能力を身に付けられるようにする。
4.7	2030年までに、持続可能な開発とライフスタイル、人権、ジェンダー平等、平和と非暴力の文化の促進、グローバル・シティズンシップ、および文化的多様性と持続可能な開発に文化がもたらす貢献を理解するための教育を通じて、すべての学習者が持続可能な開発を推進するための知識およびスキルを習得できるようにする。

出典：外務省（n.d.）を参考に筆者加筆修正

　ただし、ここで留意しておきたい点を指摘しておこう。それはこれら7つのターゲットのうち、いわゆる途上国だけが達成すべきターゲットや先進国だけが達成すればよいターゲットはないという点である。たとえば、4.1や4.2を一読すると、いわゆる途上国では重要なターゲットであるが、日本ではすでに達成されているターゲットであるかのような印象を受けるかも知れない。しかし、4.1に関して言えば、日本の教育で無償とされているのは、憲法第26条の規定により、小学校お

よび中学校の義務教育段階となっている。2010年度からは公立高校の無償化が制度化されたが、2014年度からは法改正が実施され、所得制限などの条件を満たす場合に限り就学支援金を支給することとなった[3]。このように、日本では高校無償化がまだ完全には実施されていないことから、その完全実施を実現することは4.1の達成と関わっている。また、4.2についても、日本では、保育所などの利用資格があり、入所申請をしても入所できない状態にある児童が多数いることが社会問題となっているが、こうした待機児童の問題を解決していくことは、4.2と関わってくる。このように、目標4の各ターゲットは、どこか特定の国を対象にしているわけではなく、途上国や先進国の区別なく、それぞれの国の事情に応じた取り組みが求められていることを確認しておきたい。

3）SDGs目標4.7とESD

　SDGsの目標4のターゲットの中でも、目標4.7は、持続可能な開発に向けてどのような教育が求められているのかを検討する上で重要なターゲットである。この4.7では、持続可能な開発を推進し、持続可能な社会を構築していく上でとくに必要とされる教育として、持続可能な開発のための教育、人権教育、ジェンダー教育、平和教育、地球市民教育、そして、多文化教育が例示されている。これらの教育はSDGsが合意される以前から、それぞれの経緯から成立してきたものであるが、ここではESDを取り上げ、この教育概念に影響を及ぼしてき

3　2010年に「公立高等学校に係る授業料の不徴収及び高等学校等就学支援金の支給に関する法律」（略称：高校無償化法）が成立したことにより、「公立高等学校について授業料は徴収しない」ことと、「公立高等学校以外の高等学校等の生徒等が…就学支援金の支給を受けること」（第1条）を内容とする公立高等学校授業料無償制・高等学校等就学支援金制度が開始された。しかし、2014年に改正された「高等学校等就学支援金の支給に関する法律」では、授業料の無償化は廃止され、一定の所得のある世帯を除いて公立と私立を問わず高等学校等に在学する者に就学支援金が支給されることとなった。

た議論を振り返りながら、その理念や内容を検討したい。

　ESDの基本概念となっている持続可能な開発は、第2節で検討したようにオルタナティブな開発論を集約する形で1980年代から徐々に概念化されてきた開発論である。この開発論と教育が統合されて議論されるようになったのは、1992年の地球サミットである。地球サミットで採択された行動計画である「アジェンダ21」では、第36章「教育・意識啓発および訓練の推進」第3節で、両者の関係について次のように述べられている。

　　36.3　…教育は持続可能な開発を推進し、環境や開発の問題に対処する人々の能力を高めるうえで不可欠である。基礎教育はいかなる環境教育や開発教育の土台ともなるものであると同時に、後者の2つの教育が、学習の本質的な部分に組み込まれる必要がある。…また、教育は持続可能な開発と調和した環境的で倫理的な認識や価値、そして態度や技能や行動様式を獲得するために、そして、市民として意思決定に効果的に参加していくためにも不可欠である。

　　　　　　　　　（United Nations Division for Sustainable Development, 1992）

このように持続可能な開発の推進にとって教育が不可欠であることや、その際には、環境教育と開発教育が果たすべき役割が強調されていることが分かる。

　このアジェンダ21の採択を受けて、ユネスコは1997年にギリシャのテサロニキで「持続可能性のための教育と市民啓発」を主題とする「環境と社会に関する国際会議（テサロニキ会議）」を開催した。この会議で採択された「テサロニキ宣言」（UNESCO, 1997）は、環境教育を「環境と持続可能性のための教育」と表現することを容認し、従来の伝統的な環境教育の性格を変容させた点が注目された。とくに、「持続可能性という概念」については「環境だけでなく、貧困、人口、健康、食料安全保障、民

主主義、人権、平和をも含むものである。そして、究極的に言えば、持続可能性とは、文化的多様性や伝統的知識を尊重する必要のある道徳的かつ倫理的な必須の要素なのである」と非常に幅広い概念としての再定義を試みている。このようにテサロニキ会議を境にして、環境教育は従来の自然保護や動物愛護といった狭義の環境保全を目的とした教育ではなく、開発、人権、平和そして文化といった地球的課題全般を射程に入れた教育への質的転換が求められていくこととなった。

　そして、1992年の地球サミットから10年後となる2002年に南アフリカのヨハネスブルグで開催された「持続可能な開発に関する世界首脳会議(World Summit for Sustainable Development, WSSD)」では、当時の小泉純一郎首相が「持続可能な開発のための教育の10年」(以下、「教育の10年」)の実施を国連に提案し、5年間で2500億円以上の教育援助を表明した。そして、この年の国連総会では「教育の10年」が盛り込まれた実施文書が採択され、2005年から2014年までの10年間にわたってESDが実施されることとなった。なお、この小泉首相の提案に際しては、日本のNGOや市民が参加して結成された「ヨハネスブルグ・サミット提言フォーラム」から日本政府に対して事前に提案された内容がその原案となっている(山田、2003：88-89)。

　ESDの理念や内容を検討する上で、もう1つの国際会議を参照しておこう。それはテサロニキ会議と同じ年にドイツのハンブルグで開催された第5回国際成人教育会議である。この会議で採択された「成人学習に関するハンブルグ宣言」は、人類が直面する地球的課題と教育との関係について、「人権を最大限に尊重することを基礎とした、人間中心の開発および参加型の社会のみが、持続可能かつ公正な開発をもたらしうることを再確認する」とした上で、「成人教育は権利以上のものとなる。それは21世紀への鍵である。…それは生態学的に持続可能な開発を育み、民主主義と公正、ジェンダー平等、科学的社会的経済的な開発を促し、暴力的な紛争が対話と正義に基づいた平和の文化に置き換えられた世界を創る

ための力強い概念である」と説明している（UNESCO Institute for Education, 1997）。

　ハンブルグ宣言は、日本ではあまり定着した用語ではない成人教育や成人学習に関する宣言ではあるが、その概念や内容は日本の社会教育に相当するものである。しかし、成人を対象や主体とした教育や学習とはいえ、それは子どもや若者も含めうるものであり、21世紀という困難な時代を人が生涯にわたって学び続けていく上での指針を提示していると言えよう。ハンブルグ宣言がいう成人学習とは、ESDそのものでもあり、その内容とは、「①生態系や環境保護を中心とした従来の環境教育、②人口、貧困、健康といった開発問題を扱う開発教育、③平和、人権、民主主義、共生といった平和教育・人権教育…の3つの柱によって成り立つ教育学習活動」といえるだろう（田中、2003：16）。

　以上、ESDの理念や内容に関して、その形成に少なからず影響を及ぼしてきたと考えられる「アジェンダ21」、「テサロニキ宣言」、そして「ハンブルグ宣言」を参考に検討した。SDGs4.7では、従来の学校教育で実施されてきた国語・数学・理科・社会・英語といった教科教育の必要性についての言及や評価はない。しかし、SDGsの達成に向けては、少なくとも従来の教科教育に加えて、こうした地球的課題を学習内容とする教育や学習の必要性が強調されていると解釈できよう。

4. SDGsにおける開発教育の役割と今後の課題

　本節では、アジェンダ21の中でもその役割が環境教育と並んで強調されていた開発教育の目的や内容などを確認した上で、SDGsにおける開発教育の役割について検討していく。

1）開発教育の歴史的展開

　開発教育とは、1950年代末に途上国の飢餓や貧困の問題をはじめ、先進国との経済格差の問題が、南北問題として注目

されたことを契機に西欧や北米などのいわゆる援助先進国を中心に始まった教育活動である。この時代、欧米列強の植民地支配から独立を果たしたアジアやアフリカ、そしてカリブ海周辺の諸国に対する海外援助が欧米の各国政府や国連機関をはじめ、市民組織やキリスト教会などの民間団体によって展開されるようになった。しかし、こうした民間団体の大半は、その活動資金を一般からの寄付に頼らざるを得ず、自国内での募金広報活動の成否はこれらの団体にとって死活問題であった。

やがて、60年代後半から70年代に入ると、こうした海外援助活動の成果が見えず、「南」の途上諸国の問題解決を見通せない現実に、多くの関係者は直面することになった。また、官民の組織を問わず現地に派遣され、任期を終えて帰国した専門家やボランティアを待ち受けていたのは、自らの帰国を歓迎してくれた身近な人々の途上国に対する無知や偏見、海外援助やボランティア活動などに対する無理解や無関心であった。

こうして1970年代に入ると、「開発の10年」を展開していた国連は、その成否が開発問題に関する各国の国民からの理解や支持にかかっているとして、開発教育の必要性を認識するようになった。また、NGOなどの市民組織の側でも、従来の募金広報活動から、国内の人々の意識向上や態度変容を目的とした学習啓発活動への転換が図られ、英国やカナダなどでは、各地に開設された開発教育センター等を拠点に、NGO関係者や学校関係者らが、教材開発や授業研究などに取り組むようになった。

このように欧米の開発教育の展開を見ると、1960年代のいわば第一世代の開発教育は、アジアやアフリカなどの「南」や「第三世界」と呼ばれた途上諸国に対する海外援助への理解や支援を目的とした募金広報活動として始まった。しかし、1970年代から80年代にかけて、開発教育は「南」で起きている飢餓や貧困などの原因やその解決には、「北」の欧米諸国の側

にも大きな責任と役割があることを理解し、市民一人ひとりが行動していこうとする第二世代の開発教育へと移行していくこととなった。1990年代に入ると、地球的課題を主題とする国連主催のグローバル会議を通じて、地球的課題が相互に密接に関連していることが広く共有されるようになった。開発教育も単に飢餓や貧困といった開発問題だけを扱う教育活動ではなく、環境や人権、平和や文化といった地球的課題との接点や関係を問いながら、共に生きていくことのできる公正で持続可能な社会づくりに向けた、第三世代の開発教育へと質的転換が図られることとなった。

　前述の通り、SDGs4.7に例示された地球的課題を取り扱う教育活動は、それぞれ独自の経緯や目的で成立してきたものである。しかし、2000年代に入ると、欧州では、2002年にオランダで、政府と議会と自治体とNGOの四者による欧州グローバル教育会議が開催され、従来の課題別の教育活動を「グローバル教育」という名称の下で推進していこうとする動きが進展している。また、欧州の開発NGO約2600団体の連合体である欧州救援開発NGO連盟（CONCORD）では、開発教育を「地球市民教育」という広義な概念に置き換えるようになっている。このように地球的課題を扱う既存の各種教育活動を架橋する教育概念や教育実践が、欧州ではESDとは別の枠組みで提示され実践されているが、いずれの動向にも、欧州では歴史の長い開発教育の経験や知見が生かされた展開となっており、第四世代の開発教育が展開されていると言えよう。

　日本では1970年代末に駐日国連機関によって開発教育が紹介されたが、その後は欧州の開発教育と同様におおむね10年毎に世代交代を進めながら、現在は第三世代から第四世代への移行期にあると分析できよう[†4]。ちょうどその時期に、日本の開発教育はMDGsからSDGs、そしてESDの10年から

4　日本の開発教育の歴史的展開については、金谷（1990）、湯本（2003）、重田（2005）、田中（2016）などを参照されたい。

SDGs4.7との関係や協働のあり方を模索されているのが現状
である。

2)開発教育の目的と内容

　開発教育は、前述の通り、その時代時代でその目的や活動
を変化させてきた。ここでは日本での開発教育の普及推進に
取り組んできた数少ない市民組織である特定非営利活動法人
開発教育協会(DEAR)†5を例に、その目的や内容を確認してみ
たい。

　1982年に発足した当初、DEARは「入会のしおり」の中で開
発教育を次のように説明していた。

　　　これから21世紀にかけて早急に克服を必要としてい
　　る人類社会に共通な課題、つまり低開発についてその様
　　相と原因を理解し、地球社会構成国の相互依存性につい
　　ての認識を深め、開発を進めていこうとする多くの努力
　　や試みを知り、そして開発のために積極的に参加しよう
　　という態度を養うことをねらいとする学校内外の教育
　　活動です。

この説明文から、当時の開発教育は「低開発」の様相と原因、地
球社会の相互依存性、開発努力の試みなどの理解や認識を内
容としていたこと、そして「開発のために積極的に参加しよう
という態度を養う」ことが目的に設定されていたことが分か
る。文中にある「低開発」という用語には、当時のアジアやアフ
リカなどに対する認識が色濃く反映しているが、当時の開発
教育の関心はやはり「低開発」であり、これが人類社会に共通
な課題であると認識していたこともわかる。同時に、開発のプ

5　発足当時の団体名は開発教育協議会(DECJ)であったが、発足20
周年にあたる2002年に現在の名称に改称し、翌2003年にNPO法人格
と取得した。

ロセスへの「参加」を重視している点は、現在の開発教育にも
受け継がれている。

　日本では、1990年代に入って、英国のワールド・スタディー
ズの研究成果が紹介され[†6]、参加型学習の理念や方法論が開
発教育の実践者や研究者の間で知られるようになった。また、
既述の通り、地球的課題に関する国連主催の会議が毎年のよう
に開催される中で、発足15周年を迎えた1997年には、次の
ように開発教育の再定義が実施された。

　　　開発教育は、私たちひとりひとりが、開発をめぐるさ
　　まざまな問題を理解し、望ましい開発のあり方を考え、
　　共に生きることのできる公正な地球社会づくりに参加
　　することをねらいとした教育活動です。

(開発教育協議会　1997：表2)

　以来、DEARでは、この定義の改訂を実施していないが、「共
に生きることのできる公正な地球社会づくりに参加すること」
という表現から、「共生」と「公正」という理念の実現を「参加」
という行動で達成していくことが、今日の開発教育の理念で
あり、目的でもあると考えられよう。さらに、こうした理念や
目的を持つ開発教育の内容については、先に引用した定義の
後段で、次のような5点が説明されている。

　　①多様性の尊重：開発を考えるうえで、人間の尊厳性
　　　を前提とし、世界の文化の多様性を理解すること
　　②開発問題の現状と原因：地球社会の各地に見られる
　　　貧困や南北格差の現状を知り、その原因を理解する
　　　こと
　　③地球的諸課題の関連性：開発をめぐる問題と環境破

6　詳細は、フィシャー＆ヒックス（1991）やヒックス＆スタイナー
（1997）を参照されたい。

壊などの地球的諸課題との密接な関連を理解すること

④世界と私たちのつながり：世界のつながりの構造を理解し、開発をめぐる問題と私たち自身との深い関わりに気づくこと

⑤私たちの取り組み：開発をめぐる問題を克服するための努力や試みを知り、参加できる能力と態度を養うこと

　藤原孝章(2006:9)は、この定義を内容論の観点から、「『開発をめぐる諸問題』に関する知識理解と『共生可能で公正な地球社会づくりへの参加』という態度形成・行動という2つ」の教育目標から構成されていると分析している。つまり、前者の「知識理解」は、「文化的多様性、開発問題の認識、地球的諸課題の連関、世界との相互依存という4つの内容領域に分け」ることができ、「私たちの取り組み」という後者の「態度形成」は、「問題解決のための参加態度の育成」が実践的な学習内容となっているという。

　以上のような目的論や内容論を持つ開発教育は、方法論としては、参加型学習を採用しながら、学校教育や社会教育、市民活動や地域活動の中で実践を展開している[†7]。

3）SDGsにおける開発教育の今後の役割

　本章では、これまで第2節で戦後の主な開発論の展開を概観して、持続可能な開発論をオルタナティブな開発論として紹介した。続く第3節では、MDGsからSDGsへの展開、SDGsにおける教育の位置づけ、そして目標4.7とESDについて検討した。本節では、開発教育の歴史的展開やその目的と内容について、欧州や日本における開発教育の経験から確認してき

7　開発教育の方法論や実践事例に関しては、開発教育協会（2012）を参照されたい。

た。2030年を達成期限とするSDGsが今後展開されていく中で、開発教育にはどのような役割があるだろうか。2点を提示したい。

　まず1つは、開発教育の今後の役割として、開発問題の本質をより批判的に議論し、学び合うことをあげてみたい。開発教育は途上国の開発問題から多様な地球的課題へと関心を広げてきた。課題と課題とが密接に絡み合っているからこそ、開発問題だけに固執するのではなく、問題と多面的に複眼的に向きあっていく柔軟な姿勢や広い視野を持ち続けることが今後ますます重要となってくるであろう。しかし同時に、開発問題、とくにSDGsやESDを展開していこうとしている今であるからこそ、持続可能な開発とは何かについて丁寧かつ鋭利に議論していく必要があるのではないか。すなわち、持続可能な開発とは、経済成長を重視した近代化論に対するオルタナティブ、ないしは異議申し立てとして議論されてきた開発論であるということである。たしかに、持続可能な開発は、経済成長、社会発展、環境保全という3要素を均衡させ鼎立させようとする野心的な試みではある。しかし、有限な地球資源と地球システムの制約の中で、やがて80億90億になろうとする世界の人々が、共に生きることのできる公正で持続可能な社会とはどのような社会なのか。そうした社会の中での開発や経済のあり方はかなり冷静に議論する必要があるのではないか。そうした議論やアイデアづくりの場を提供していくことが、これまで開発問題に取り組んできた開発教育の役割の1つではないか。

　もう1つは、多文化共生社会に求められるアイデンティティとシティズンシップを尊重し育むことである。ESDの目的は、持続可能な社会の担い手育成であり、次期学習指導要領でも、子どもたちが「持続可能な社会の創り手となること」が期待されている。担い手にせよ、創り手にせよ、今の子どもたちが大人になる10年後20年後の日本社会を想像すれば、地域に暮らす人々や組織で働く人々の多国籍化、多民族化、多言語化

が現在よりも一層進むこととなろう。そうなれば、政治的経済的あるいは社会的宗教的な背景を異にする多様なアイデンティティを持つ人々が自分の意見や立場を主張すると同時に、社会の構成員として相応の役割や責任を果たしていくことが求められることになる。こうした社会の中で一人ひとりに付与される権利や義務の総体をシティズンシップと呼べば、多文化共生社会におけるシティズンシップのあり様を子どもたちや大人たちが学ぶことは重要であろう。また、こうした多文化共生社会では、個人や集団としての民族的文化的なアイデンティティだけでなく、地域社会や日本社会や地球社会の構成員であるというローカルで、ナショナルで、グローバルなアイデンティティといったそれぞれに次元の異なる複層的なアイデンティティが同時に保証されることも重要となろう。そして、異なるアイデンティティが排除されるのではなく、それを包摂する社会とならなければ、持続可能な社会とはなりえない。SDGs4.7には地球市民教育に言及しているが、日本で展開されているESDの中で、こうしたシティズンシップやアイデンティティの問題に関する議論や記述はかなり限られているのではないか。そうであれば地球社会やグローバル時代におけるシティズンシップやアイデンティティを議論する場を提供していくことも開発教育の重要な役割となるのではないか。

5. おわりに —— 市民教育のネットワークづくりに向けて

前節の最後で、SDGsにおける開発教育の今後の役割を2点だけ指摘したが、最後にその役割を果たしていく上での課題を1つ指摘して終わりたい。それは、市民教育としてのネットワークづくりの必要性である。上述したように、持続可能な開発について議論するにせよ、シティズンシップについて議論するにせよ、そこで重要なことは市民の視点や立場である。持続可能な開発や持続可能な社会が生態学的な持続可能性だ

けでなく、文化多様性や社会的公正をはじめ、参加型民主主義や非暴力主義に基づくものであるとすれば、その実現には対立しがちな個人や集団の異なる立場や利害を互いに調整して、合意を形成する必要がある。そう考えると持続可能な社会づくりのための教育やその担い手育成は「政治的な教育」にならざるを得ない。なぜならそうした利害調整や合意形成のプロセスはつとめて政治的であり、その当事者もつとめて政治的な主体だからである。しかし、こうした「政治的な教育」をもっとも不得意とするのが学校教育などの公教育だとすれば、持続可能な開発や持続可能な社会づくりに向けて、市民や市民組織による教育学習活動の果たすべき役割はけっして小さくないのではないか。ここでいう市民とは「主体的に社会の変革を目指す積極的な人格を意味するもの」であり、「…特定の制度や因習に縛られることなく、社会的責任をもって自主的に、非暴力・非営利の立場で、社会的に弱い立場に置かれた人たちのことも考えつつ、それぞれの課題に取り組む人々」のことである（井上、2005: 93）。

　開発教育をはじめ、環境教育や平和教育、そして人権教育やジェンダー教育など、地球的課題に取り組んできた多くの教育活動の担い手が、市民や市民組織であったことを思えば、そうした地球的課題に取り組む市民教育のネットワークが、ESDやSDGsの成否に大きく関わることにならないだろうか。市民や市民組織の役割とはけっして政府や行政、あるいは民間企業などと協働したり、パートナーシップを組んだりすることだけではない。時と場合によっては、弱者の肉声や立場を代弁し、異議や異論を申し立てることがもっとも重要な役割となる場合もある。ESDの「D」や「SDGs」の「D」に市民の立場から深く関わってきた開発教育の今後の課題として、そうした市民教育のネットワークの形成に期待したい。

参考文献

アミン（1979）『不等価交換と価値法則』花崎皋平訳、亜紀書房。

――（1980）『世界資本蓄積論：世界的規模における資本蓄積〔第Ⅰ分冊〕』野口祐（他）訳、柘植書房。

井上有一（2005）「エコロジー思想と持続可能性に向けての教育」今村光章編『持続可能性に向けての環境教育』昭和堂、87-114頁。

カーソン（1987）『沈黙の春』新潮社。

開発教育協議会（1997）『開発教育』No.36、開発教育協議会。

開発教育協会（2012）『開発教育実践ハンドブック：参加型学習で世界を感じる（改訂版）』開発教育協会。

外務省（n. d.）「我々の世界を変革する：持続可能な開発のための2030アジェンダ（仮訳）」https://www.mofa.go.jp/mofaj/files/000101402.pdf（2019年1月31日最終閲覧）

金谷敏郎（1990）「開発教育の成立と展開」開発教育協議会編『開発教育ハンドブック（1990年版）：21世紀の教育にどう取り組むか』開発教育協議会、1-12頁。

環境と開発に関する世界委員会編（1987）『地球の未来を守るために』福武書店。

国際環境問題研究会（1972）『人間環境問題とは何か：ストックホルム会議の理解のために』日本総合出版機構。

国連開発計画（2014）『ミレニアム開発目標』国連開発計画駐日東京事務所、http://www.jp.undp.org/content/dam/tokyo/docs/Publications/GeneralBrochure/UNDP_Tok_MDGs2014_20141222.pdf（2019年1月31日最終閲覧）

国連広報センター（n. d.）「ロゴ（日本語版）」http://www.unic.or.jp/files/sdg_logo_ja_2.pdf（2019年1月31日最終閲覧）。

国連貿易開発会議事務局（1964）『新しい貿易政策を求めて：プレビッシュ報告』外務省訳、国際日本協会。

佐藤寛（2004）「近代化論への挑戦」松岡俊二編著『国際開発研究：自立的発展に向けた新たな挑戦』東洋経済新報社、89-109頁。

重田康博（2005）『NGOの発展の軌跡：国際協力NGOの発展とその専門性』明石書店。

シューマッハー（1986）『スモール・イズ・ビューティフル』講談社。

田中治彦（2003）「『持続可能な開発のための教育』とは何か：予備的考察」山田かおり編『持続可能な開発のための学び』開発教育協会、12-21頁。

――（2016）「開発教育の歴史と課題」田中治彦・三宅隆史・湯本浩之編『開発教育とSDGs：持続可能な開発目標のための学び』学文社、2-17頁。

鶴見和子（1996）『内発的発展論の展開』筑摩書房。

ヒックス＆スタイナー（1997）『地球市民教育のすすめ方：ワールド・スタディーズ・ワークブック』明石書店。

フィシャー＆ヒックス（1991）『ワールド・スタディーズ：学びかた・教えかたハンドブック』めこん。

藤原孝章（2006）「開発教育における教材開発」『開発教育』Vol.53、8-23頁。

フランク（1978a）『世界資本主義とラテンアメリカ』西川潤訳、岩波書店。

── （1978b）『世界資本主義と低開発：収奪の《中枢－衛星》構造』大崎正治・前田幸一・中尾久訳、柘植書房。

プレビッシュ（1961）「低開発国における通商政策」吉野昌甫訳、米国大使館文化交換局編『アメリカーナ：人文・社会・自然』第7巻3号、好学社、19-39頁。

武者小路公秀（1980）「現代における開発と発展の諸問題」川田侃・三輪公忠編『現代国際関係論』東京大学出版会、153-183頁。

メドウズ他（1972）『成長の限界』ダイヤモンド社。

文部科学省（2008）『中学校学習指導要領（平成20年告示）』東山書房。

── （2018a）『小学校学習指導要領（平成29年告示）』東洋館出版社。

── （2018b）『中学校学習指導要領（平成29年告示）』東山書房。

山田かおり編（2003）『持続可能な開発のための学び』開発教育協会。

湯本浩之（2003）「日本における『開発教育』の展開」江原裕美編『内発的発展と教育：人間主体の社会変革とNGOの地平』新評論、253-285頁。

── （2010）「オルタナティブな経済と開発教育：『経済』の原点と『教育』との接点を問う」開発教育協会編『開発教育』明石書店、12-30頁。

ロストウ（1961）『経済成長の諸段階』ダイヤモンド社。

UNESCO（1997）Declaration of Thessaloniki, International Conference Environment and Society: Education and Public Awareness for Sustainability, UNESCO Digital Library, https://unesdoc.unesco.org/ark:/48223/pf0000117772（2019年1月31日最終閲覧）

UNESCO Institute for Education（1997）The Hamburg Declaration on Adult Learning, UNESCO Digital Library, https://unesdoc.unesco.org/ark:/48223/pf0000116114（2019年1月31日最終閲覧）

United Nations（2015）Transforming Our World: The 2030 Agenda for Sustainable Development, https://sustainabledevelopment.un.org/content/documents/21252030%20Agenda%20for%20Sustainable%20Development%20web.pdf（2019年1月31日最終閲覧）

United Nations Division for Sustainable Development（1992）Agenda 21, United Nations Conference on Environment & Development. https://sustainabledevelopment.un.org/content/documents/Agenda21.pdf（2019年1月31日最終閲覧）

第 4 章

EU の対外経済関係
——EU 対外政策の展開と地中海諸国

高﨑春華

はじめに

　近年、ユーロ危機、難民危機、テロの脅威に直面している EU と近隣諸国との関係性は新たな局面を迎えつつある。歴史を紐解けば、地中海諸国は EU 対外政策におけるメインターゲットの1つであり続けている。そのなかで、EU と地中海エリアとの経済関係は、1960年代からの「地中海政策」を起点に展開されてきた。本論に入る前にここで、EU からみた「地中海」という地域概念を確認しておこう[1]。EU にとって「地中

1　本章の分析対象として、「地中海」を取り上げるが、これは海域を意味するのではなく、EU の政策概念に含まれる諸国のことを指す。通常、「マグレブ諸国」は西アラブ諸国(モロッコ・チュニジア・アルジェリア)を示すが、広義ではリビア・モーリタニアが含まれることもある。また、「マシュレク諸国」はイラク・サウジアラビア・スーダンを含む場合もある。本章では、分析対象をマグレブ諸国に絞る。地中海政策が対象とするのは、こうした国から EU 加盟国を除いた諸国である。そのため、当初パートナーであったが 2004 年に EU 加盟を果たしたキプロス・マルタはすでに地中海政策の範疇から外れている。また、2008 年からリビアはオブザーバー参加しているもののいまだ正式なパートナーではないため、分析の対象としていない。

海諸国(Mediterranean Partner Countries；以下、MPCsと略す)」とは、地中海の南・東岸に位置するEU非加盟国を意味し、具体的にはマグレブ諸国(モロッコ・チュニジア・アルジェリア)、マシュレク諸国(エジプト・ヨルダン・シリア)、レバノン、イスラエル、パレスチナ自治区、トルコをカバーしている。EUとの地理的近接性と戦略的重要性に鑑みれば、地中海政策が極めて複雑な政策策定プロセスとなるのは無理もない。地中海政策は当該諸国との伝統的な通商関係を基盤に、EUの対途上国開発政策や外交政策と結びつきながら、確立されてきたからである。従って、EUのいう地中海地域(地中海沿岸諸国)とは、単に地理的な地域概念として捉えられるものではなく、欧州統合の進展と共に変化してきたEU独自の政策的な地域概念なのである。

　アラブの春以降、EUと地中海沿岸諸国との関係は、人権・民主主義・グッドガバナンスの達成などの政治的な動向から分析されることが主流であった。しかし、当該エリアを経済的な視点から見てみると、EUと地中海諸国との関係性の展開を描き出すことが出来る。本章では、地中海政策の展開を、EU経済との関係性において5つのフェーズに分けて描き出すことを試みる[2]。

1. EU－地中海諸国の経済協力のはじまり(1957〜1972年)

　第二次世界大戦終結後、西ヨーロッパ諸国が抱えていた多くの植民地は独立を果たした。地中海沿岸に位置するマグレブでは、1954年にモロッコ・チュニジア、1962年にアルジェリアが、それぞれフランスから独立を果たし、政治的主権を獲得した。1957年に誕生したEEC(欧州経済共同体)は、加盟国と旧植民地との歴史的な経済関係を引き継ぐ形で通商協力を推

2　本章は、拙稿「EUの対地中海政策とマグレブ諸国—モロッコへの直接投資を中心に—」、2013年度九州大学博士論文の第2章〜3章における議論を中心に再構成したものである。

進し、地域限定的な特恵関係の構築を追求した。特にフラン
スは、EDF（欧州開発基金）を創設し、独占してきた旧植民地の
市場を他のEEC加盟国にも開放することによって、その植民
地維持コストを分担するように要求したという[3]。初期の地
中海政策の目的は、地中海諸国と特恵貿易協定である「連合
協定（Association Agreement）」を締結し、金融・技術支援を推進す
ることによって、当該エリアに対し経済面で様々な影響力を
維持することであった。

　EECは、まず、ヨーロッパ圏であり将来的に加盟が予想さ
れたギリシャ・トルコ・スペイン・ポルトガル・マルタ・キプロ
ス、歴史的に強い結び付きがあるモロッコ・チュニジア・アル
ジェリア・リビア、そして、地理的な近接性と政治的配慮から
地中海東岸のイスラエル・レバノン・エジプト・シリアとの関
係緊密化に向け、連合協定の交渉に着手した。モロッコ・チュ
ニジアとは1969年に第一世代連合協定を締結した[4]。連合協
定の交渉が早期に開始されたギリシャ・トルコ・モロッコ・チュ
ニジアでは、工業製品についてEEC市場へのフリーアクセス
が可能となった。しかしながら、ギリシャ・トルコでは工業製
品の生産増大を目的とした金融支援として、EIB（欧州投資銀行）
からの借款（ローンの供与）が規定される一方で、マグレブ諸国
との連合協定では金融協力は含まれなかった。また、イタリア・
フランスと競合する農産品（例えば、オレンジ・オリーブ・ワインなど）
を抱えていたマグレブ諸国に対し、EECは農産物輸出に関す
る規定を除外した。加えて、工業製品についてもフリーアク

3　EUの開発援助政策の展開やアフリカ外交についてはBrown, W.（2001）,
The European Union and Africa: The Restructuring of North-South Relations, I.B. Tauris
publishers. を参照。
4　従来EECと交易があったアルジェリアとは1963年から交渉が進められた
が、独立後の国内政情不安を理由に締結に至らなかった。さらに、リビアはEEC
への唯一の輸出品目が石油であり、すでに無関税であったため同協定の交渉
に関心がなかった。シリアやヨルダンもまたEECとの包括的な協定案の作成に
意欲を示さなかった。Bicchi, F.（2007）, *European Foreign Policy Making Toward The
Mediterranean*, Palgrave Macmillan. pp.54-55 より。

セスが可能であった上記4カ国以外では、対外共通関税において減税率が各国別に設定されるなど、特恵供与の範囲は各国協定により異なっており、一律の条件が設定されたわけではなかった[†5]。

このように、地中海政策は、EECの南方の境界に接している地中海諸国との財貿易の維持を目的に据えた対外通商政策として始動した。しかし、地中海エリアに対するEECの対外政策としては統一的な枠組みが出来上がっていたとは言いがたく、核となる共通の理念や政策に関連する行動指針が欠如していた。結果、第一局面での地中海政策は連合協定の単なる寄せ集めに終わったのである[†6]。

2. ECの包括的地中海政策と特恵のピラミッドの展開 （1972〜1989年）

1970年代から80年代後半に至るEC（欧州共同体）の対外通商政策は、EFTA（European Free Trade Association）・トルコ・ACP（African, Caribbean, Pacific）諸国、地中海諸国と続く「特恵のピラミッド」に象徴されるような、貿易面での優遇措置の序列化に特徴があった[†7]。このようなECの対外通商関係の構築手法は、1970年代において、貿易面の優遇措置によって工業化を推進し、経済成長を達成しようとする周辺の途上国のニーズと一致するものであった。

1971年7月、欧州委員会は『共同体の開発協力に関する委員会の覚書（Commission memorandum on a Community policy for development co-operation）』の中で、ローマ条約で規定された発展途上諸国との各種協定について、開発政策の欠如を指摘し、一貫性と体

5　例えば、工業製品に対する関税譲許は、キプロス・マルタ・スペインについては70%、レバノン・イスラエルは55%である。Bicchi（2007）, p.57より。

6　同上 , p.43 参照。

7　特恵のピラミッドとは、EUへの輸出において、EFTA、トルコ、ACP、MPCs、その他開発途上国の順に通商面でのより多くの優遇措置を設定したものである。

系性を備えた対途上国開発協力政策を構築すべき時期が到来したという認識を示した。

さらに、ECは1972年10月に開催されたパリサミットにおいて、上述の対途上国開発協力に関する新たな提案をふまえ、歴史的に先行していたエリア別の通商協定のアップグレードを目指した。地中海エリアに対しては、マグレブ諸国の経済発展に寄与するECの責務と、地域の安定を牽引する必要性に鑑みて、「包括的地中海政策（The Global Mediterranean Policy）」を策定した。これは、同年5月の理事会において、フランスのイニシアチブにより考案されたものである。ここでフランスは、地中海政策をグローバルな政策へと展開することを企図して、地中海エリアの地理的条件を明確に示し、政策に関するメインコンセプトを提案した。具体的には、当時、EC拡大に際し加盟国から問題視される傾向にあったスペインと、中近東地域における政治的配慮が必要とされたイスラエルを、地中海政策の枠組みで同列に扱うことである。また、この地理的な同列性を踏襲しながら、フランスは、すでにポルトガルと締結されていた貿易協定と同等の協定をスペイン・イスラエルにも適用することを目指した[8]。当時、スペインは軍事独裁政権を理由に西欧諸国から孤立しており、イスラエルとの交渉は他のアラブ諸国との政治的問題に発展することから敬遠されていたため、地中海エリアに対する政策構想は困難を極めていた。フランスが提示したコンセプトは、地中海エリアにおける南欧諸国と中近東の分断を避け、それらを同列に扱うことによって、貿易協定を骨格とする政策の同質性とその効果を期待するものであった。こうして、1972年以後、地中海地域は公式にECの地域概念の新たなレパートリーの1つとして定着していったのである。

8　当時、ECはEFTA加盟国であったポルトガルと工業製品に関する特恵貿易協定を締結していた。また、包括的地中海政策に先立って行われた、「ヨーロッパ・アラブ対話（Euro-Arab Dialogue）」が中東諸国との交渉の窓口となった。

1972年から1989年まで展開された「包括的地中海政策」は、当該諸国と締結された一連の「協力協定」とEIB（欧州投資銀行）貸与による金融・技術支援からなる。「協力協定」は、これまでの連合協定と大きな違いはなく、ECからの一方的な特恵貿易スキームであった。1976～77年にマグレブ諸国（モロッコ・チュニジア・アルジェリア）、マシュレク諸国、レバノン、イスラエルが協力協定を締結した[9]。マグレブ三国すべてに工業製品のフリーアクセスが認められたが、国際的な繊維・衣料協定である「多角的繊維取り決め（Multi-Fiber Arrangement）」を受け、モロッコ・チュニジアの主要な輸出品目であった繊維製品と履物については輸入割当が課された。加えて、EC共通農業政策（CAP）による域内優先の農業保護システムが障壁となり、最終的には、マグレブ側のCAP対象農産物（柑橘類とオリーブ）は厳しく制限された。金融・技術支援では、EIB貸与と五ヵ年融資議定書（Financial Protocol）の締結を通じて、工業化促進のための生産設備およびインフラ整備に関し国別に資金援助が行われ、同時に農業の近代化、技術移転、労働者の技術教育も盛り込まれた。

　マグレブ諸国との協力協定の序文において、ECは、国際社会において、より公正で平等な経済秩序の形成に向け、先進国と途上国間の新たな経済モデルを構築するという目的を掲げた。また、途上国の開発プロジェクトは長期的な性質を持つものであり、ロメ協定と比較した場合、マグレブ諸国との協力協定は、無期限に締結されたことに優位性をもつものであると評価されている[10]。このように、70年代以降は、EC－地中海諸国間における工業製品の自由貿易促進に加えて、開

9　トルコとギリシャは例外であり、60年代の連合協定を継続した。

10　European Parliament（1977）, *Report drawn up on behalf of the Committee on Development and Cooperation on trade relations between the European Community and the countries of the African continent*, Working Documents, PE 45. 547 final. より。ロメ協定（1975～2000年）は5年ごとに更新されている。ロメ協定の歴史とEUの開発援助政策の変遷については、前田啓一（2000）、『EUの開発援助政策』大阪大学比較地域研究所研究叢書第二巻、御茶の水書房に詳しい。

発援助という観点から地中海エリアとの新たな協力関係の構築を目指す試みがみられるようになった。

3. EU対外政策の戦略転換とマグレブ諸国

　こうして、地中海諸国における工業化促進に向けた支援策が講じられ、当該諸国の経済発展が期待された。しかし、70年代には、2度のオイルショックによる世界不況の影響から、地中海諸国の輸出所得は激減した。80年代に入ると、マグレブでは国内経済改革の失敗による累積債務問題が顕在化し、モロッコでは1984年、チュニジアでは1986年に世界銀行・IMFによる構造調整プログラムを受け入れることとなった。アルジェリアでは、1971年に石油・天然ガスの生産が国有化され、巨大国営工業部門が次々に誕生した。その後、80年代を通じて天然資源の輸出に依存した工業化戦略を遂行したが、1986〜88年の石油価格の大暴落により、経済危機に直面した。こうした地中海諸国の経済パフォーマンスの低下により、包括的地中海政策は次第に限界を迎えつつあった。

　一方、ECサイドでは、1973年のイギリス加盟によって、イギリスが抱えていた旧植民地もEC全体でカバーすることとなり、開発協力スキームは見直しを迫られていた。また、1980年代には民主化と市場経済化を進めたギリシャ、スペイン、ポルトガルがEC加盟を果たしたことにより、地中海政策に対する加盟国のスタンスは変化しつつあった。東西冷戦の影響から、西ドイツを中心とした西欧諸国の東欧志向が高まったことによって、地中海南岸に対するECのプレゼンスは一時希薄化した[11]。また、GATTウルグアイラウンドによる自由化交渉のなかで、ECの対外通商政策に援用されてきたピラミッド型の貿易システムは転換・再編成を迫られることとなった。実際に、ピラミッドの上位に位置していたACP諸国がEC

11　Bicchi（2007), pp.110-123より.

の輸出入に占める割合は低下した。地中海諸国との貿易についても、10％程度の割合と伸び悩んでいた。つまり、旧植民地諸国や発展途上国を通商政策で優遇し、経済成長を促進しようとしたECの方針は再考の必要に迫られたのである。政策転換への最後の一押しとなったのは、東西冷戦の終結であった。すなわち、中東欧諸国の民主化が進むにつれて改めてECと地中海諸国との経済連携に軸足を置く新たな方針の構築が目指されたのである。

　このように、EU対外政策の戦略転換が進む中で、1990年代からの地中海政策も新段階を迎えた。

　対外政策の転換に関するキーポイントは以下の3点である。第1に、対象となる戦略重点地域の選択である。1992年にマーストリヒト条約の調印を終えたEUは、「欧州全域と南方および東方の近隣諸国における平和・民主主義・経済成長に焦点を当てている。…EUは、中東欧諸国と同様に、その歴史的・地理的な結び付きのため、地中海地域において特別な責任を有している」[†12]ことを示した。また、中東欧諸国に対する加盟前戦略は、地中海地域に対するEUのコミットメントを決して妨げるものではなく、EUの最も南の境界上に位置しているマグレブに対し、地域の安定と経済発展にEUが寄与する必要性がさらに高まっていると指摘したのである。さらに、地中海諸国の経済成長、基本的人権・法の支配および民主化の展開を最大限にサポートし、南北間の深いギャップを取り除くことが重要であると強調した。こうしてEUは、中東欧諸国と同様に、地中海諸国を対外政策の重点地域に指定し、新たな地域協力構想を積極的に展開しようとしたのである。

　第2に、スペインのイニシアチブによって、この新たな地域協力構想を実現するための政策コンセプトが提示された[†13]。それは、これまでの地中海政策における「協力」関係の刷新を

12　European Commission (1992), *The Future of Relations between the Community and the Maghreb*, SEC (92)401 final. より。

13　Bicchi (2007), pp.158-163 より.

目指す「パートナーシップ」アプローチの展開である。欧州委員会は、これまで地中海政策において主流であった開発協力というコンセプトから離れて、政治・社会・経済分野すべてにおいて新たな協力の枠組みを生みだすことから新たなパートナーシップの構築が始まると指摘した。また、長期的な戦略については、すでに中東欧諸国に存在しているものの、地中海地域においては策定されていないと捉え、新地中海政策への足掛かりとして、マグレブ諸国との自由貿易地域の創設を目的とした「EU－マグレブパートナーシップ (Euro-Maghreb Partnership)」構想を打ち出した。

　第3に、地中海エリアの経済発展戦略として、新たにFDI (対外直接投資) の導入が指向された点があげられる。欧州委員会は、マグレブ諸国経済が再び成長軌道に乗るためには、当該エリアに対する投資の急増が不可欠であると強調した。外国投資を引き付けるためには、投資家が一定の収益を期待できるような、当該エリア経済全体の良好なパフォーマンスが求められる。そうした環境は法の整備、経済統合、民間貯蓄のアヴェイラビリティのような客観的要因、地域の安全保障や信認といった主観的要因からなると指摘している[14]。すなわち、EUは、周辺諸国における持続的な経済・社会開発のためには、FDI流入を念頭においた、投資受入国側の環境整備が必須であると示したのである。

4. バルセロナ・プロセスと欧州近隣諸国政策の展開 （1995〜2008年）

　1995年11月、スペインのイニシアチブにより、バルセロナにおいて第1回EU・地中海外相会議が開催された[15]。外相

14　European Commission (1992), *The Future of Relations between the Community and the Maghreb*, SEC (92) 401 final.
15　Bicchi (2007) によれば、このバルセロナ・プロセスの発進が南欧諸国における外交面でのスペインの地位を高めたという。

会議にはEU加盟15カ国と地中海諸国12カ国（マグレブ諸国・マシュレク諸国・レバノン・イスラエル・パレスチナ・トルコ・マルタ・キプロス）に加えて、地中海沿岸の非加盟国であるアラブ連盟（The League of Arab）加盟国やアラブ・マグレブ連盟（Arab Maghreb Union）のモーリタニアも招待され、地中海地域の安定に向けた「バルセロナ宣言」が調印された。「バルセロナ宣言」の最大の特徴は、2010年の完成を目標とするEU・地中海自由貿易圏（Euro-Mediterranean Free Trade Area; 以下、EMFTAと略す）の創設を謳った点である。

　この新たなパートナーシップの構築を通じた、一連の経済的・政治的な地域間連携の取り組みは、「バルセロナ・プロセス」と呼ばれる。「バルセロナ・プロセス」は、政治・安全保障対話、経済・金融パートナーシップ、社会・文化・人権に関するパートナーシップという3つの主要な軸からなる。「バルセロナ・プロセス」は、これまでの通商面での二国間協力を強化し、さらに政治対話や社会的側面を含む総合的な地域レベルの多国間協力を整備したことに特徴がある。この3つの軸を中核としたEU対外政策の多角的なアプローチは、EUとパートナー諸国間の二国間関係のネットワークによって裏打ちされ、当該地域との地理的な近接性を潜在的に維持しながら、新たに制度的枠組みを構築することを主眼としている。EMFTA創設に向けて、EUとMPCsは「新世代連合協定」（Association Agreement）と呼ばれる包括的なFTAを地中海諸国と個別に締結し、経済分野における協力関係の強化を追求した（表1）。

　欧州委員会によれば、1995年からのパートナーシップの核心は、「貿易・投資・協力」であり、これらの地域間協力を地中海諸国が国内経済政策の一部へ生かしていくことこそが最も必要なことであるという[16]。これにより、地中海諸国では、開発戦略としてIMF・世銀の構造調整プログラムに加え、「バ

16　European Commission（2008）, *Barcelona Process: Union for the Mediterranean*, COM319 final. p.3. より。

表1　地中海諸国の連合協定

【第一世代連合協定】

協定締結国	正式発効	EU 加盟
トルコ	1964 年 12 月	候補国（1999 年 12 月認定）
マルタ	1971 年 4 月	2004 年 5 月
キプロス	1973 年 6 月	2004 年 5 月

【新世代連合協定】

協定締結国	調印	正式発効
チュニジア	1995 年 7 月	1998 年 3 月
モロッコ	1996 年 2 月	2000 年 3 月
パレスチナ自治政府	1997 年 2 月	1997 年 7 月
イスラエル	1995 年 11 月	2000 年 6 月
ヨルダン	1997 年 11 月	2002 年 5 月
エジプト	2001 年 6 月	2004 年 6 月
アルジェリア	2002 年 4 月	2005 年 9 月
レバノン	2002 年 6 月	2006 年 1 月
シリア	未調印	―
リビア	協定交渉開始 （2008 年）	―

出所：欧州委員会、欧州対外行動庁 HP より筆者作成。シリアとは 2008 年に暫定連合協定に仮調印しているが、2011 年に協定交渉は一時停止となった。

ルセロナ・プロセス」に基づく各プロジェクトによって、海外企業の誘致や、輸出促進に向けて制度的透明性の向上を目標に国内の社会経済体制の改革を実施してきた。

　経済・金融分野の協力は、「経済・金融パートナーシップ」に基づき地中海諸国との FTA 締結交渉から始まった。FTA 交渉では、EU への工業品の輸出は即時自由化され、かつ、EU から地中海諸国への輸出は 5 年間の関税据え置き後徐々に自由化し、加えて、連合協定発効 12 年後に工業製品に関する全面自由化を達成するに至った。加えて EMFTA 創設に向けて、4 つ

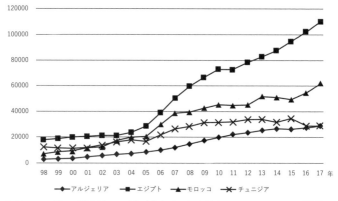

単位：100万ドル

図1　マグレブ諸国・エジプトにおける対内 FDI ストックの推移
（1998 〜 2017 年）

出所:UNCTAD, FDI Statistics より筆者作成。

の点について優先的に取り組みを行った。第1に、地中海諸国の原産地規則・知的財産権・競争政策などの基準の明確化である。第2に、市場経済体制を発展させることである。第3に、社会経済構造の近代化である。第4に、技術移転の促進、段階的な関税・非関税障壁を撤廃することである。特に、投資の促進が重要視されたのは第3節で論じたとおりである。「バルセロナ・プロセス」開始以降のマグレブ諸国およびエジプトの対内FDIストックの推移をみてみると、2000年以降、着実に増大していることが分かる（図1）。マグレブ諸国へのFDI流入を投資国別でみてみると、伝統的に経済的結び付きが深いフランス・スペインからの投資が大半を占める[17]。さらに、同時期のEU対外政策の特徴として、金融・技術支援スキームの整備と欧州近隣諸国政策の展開の2点を挙げることができる。

17　マグレブ諸国への FDI に関する分析や当該諸国の国内経済改革については、高﨑春華（2011）、「EU 地中海政策と欧州生産ネットワークの南への拡大—モロッコの事例を中心に—」、日本 EU 学会『日本 EU 学会年報』、第 31 号（2011 年）、4 月、241-264 頁を参照。

1）金融・技術支援スキーム

　「バルセロナ・プロセス」では、経済自由化の促進、持続可能な社会経済発展の調整、生活水準の向上・雇用拡大・地域格差の縮小、地域協力および地域統合の4つを目的とした経済・金融協力が推進された。具体的には、「MEDA プログラム[18]」と呼ばれる金融・技術支援の枠組みを整備し、各国別の戦略プログラムに基づいた支援プロジェクトの履行によって、当該諸国の経済成長を目的とする国内経済改革への支援を行った。この戦略的なプログラムは、バルセロナ・プロセスにおいて最も重要な金融援助スキームであり、FDI流入を念頭においた、投資受入国側の環境整備を主たる目的としている。加えて、当該諸国の国内経済改革に向けた個別プロジェクトの履行による、地中海諸国の「グッドガバナンス」の達成を意図するものである。1995～2000年にはMEDA Ⅰ、2000～2006年にはMEDA Ⅱが実施された。また、MEDA プログラムに加えて、従来通り EIB による貸与も引き続き実施された。MEDAの支援はプログラムの作成を条件としている。国別の援助予算枠は設定されず、全体の予算の中から各国でのプロジェクトの必要性に応じて資金を配分する方式であった。すなわち、援助受入国間およびプロジェクト間での資金獲得競争を促すことにより、プロジェクトの効率化と資金配分を目指したものであった。

　金融・技術支援の枠組みにおけるプロジェクトでは、各国の投資促進庁（Investment Promortion Agency）を統括し、当該エリアのビジネス・投資全般に関する調査にあたる ANIMA（A Euro-Mediterranean Network of Investment Promotion Agencies）、地中海諸国の統計を整備する MEDSTAT Ⅱ（statistics）などが展開された[19]。こうしたプロジェクトの中でも、2005年に締結された「アガ

18　MEDA の正式名称は、Mesures D'accompagnement financières et techniques à la réforme des structures économiques et socials dans le cadre du partenariat euro-méditerranéen である。

19　European Commission（2008）, *Regional Co-operation*, Europe Aid より。

ディール協定」に注目したい。この協定は、地中海諸国同士の経済協力体制構築（南南協力）を目的とするもので、2004〜2006年で400万ユーロの予算が組まれ、モロッコ・チュニジア・エジプト・ヨルダン間のFTA締結を推進し、汎欧州地中海原産地累積制度（System of Pan-Euro-Mediterranean cumulation）の導入や同協定国間の貿易活性化を促し、欧州の企業による直接投資の拡大を目的とするものであった。

2）欧州近隣諸国政策の展開

　以上のように、95年以降、EUレベルで一貫して実践されてきたのは、地中海諸国のEU市場への組み入れを主眼とする連合協定締結に向けた取り組みと、各種金融・技術支援スキームの履行であった。対地中海のみならず、こうしたEUの対外政策は、近隣地域との良好な経済関係を展望するものとして、2003年に欧州近隣諸国政策（European Neighbourhood Policy；以下、ENPと略す）のもとに一本化された。ENPの目的は、EUの基本的価値である「民主主義・人権・法の支配・市場経済」に基づき、近隣諸国との経済協力と政治対話の促進を通じて、安全保障を含む近隣地域の安定を確保することである。

　これまで欧州委員会は、バルセロナ・プロセスの促進のためには、地中海諸国のダイナミックな成長が真に必要であり、EUとの密接な統合へ向けた国内経済改革の加速と、新たな経済体制への適合に向け最大限の努力を講じるべきである、と求めてきた。バルセロナ・プロセスは、地中海諸国への金融・技術支援を担うMEDA I（1995〜1999年）・MEDA II（2000〜2006年）の展開、およびEIB（欧州投資銀行）のプロジェクトをベースに数年ごとの見直しを経て実施された。FDI流入を睨んだ、地中海諸国側の産業基盤の整備は、主としてこれらの支援スキームにより計画された各国別プロジェクトを通じて行われた。こうした様々な開発プログラムの数は、モロッコだけでも120あまりにのぼる。2007年からはENPのもとで、MEDAに代わる新たな援助ドナーとして、ENPI（European Neighbourhood and Partnership Instrument）の運営が開始された。ここでは、対象国それぞれの経済事情を反映した行動計画を共同で策定し、EUは関連プロジェクトの支援を行っている。これらの結果として、現在、EUは地中海諸国にとって、財・サービス貿易におけるメインパートナーとなっている。このことは、マグレブ諸国の貿易の60％以上がEUとの貿易であり、輸出先の60〜80％をEUが占めるということからも分かる。そして、EUは地中海諸国にとって最大の投資家であり、最大の援助ドナーとなっている。

5.「地中海のための連合」と新たなパートシップの構築に 向けて（2008年〜）

　2008年7月には、ENPに先駆けて展開されてきた「バルセロナ・プロセス」の活性化を目指し、「地中海のための連合（Union for the Mediterranean）」が発足した[†20]。ここでは、EUと地中海諸国との政治対話を促進すると共に、バルセロナ・プロセスの3つの軸をもとにした多数のプロジェクトの達成を目指している。具体的には、「地中海の汚染除去」、「海上および陸上高速交通網の整備」、「地中海の太陽光発電計画」、スロベニアやモロッコにおける「欧州・地中海大学の設立」、中小企業の支援である「地中海事業開発イニシアチブ」などが実施対象となった[†21]。また、自由貿易圏創設の実現に向けた交渉の継続をサポートし、バルセロナ・プロセスの強化をはかることが約束された。ENPが主として二国間レベルでの改革を推進するのに対し、「地中海のための連合」は地域レベルの多国間協力を狙いとしており、ENPとは相互補完的な関係にあると言える

20　UfM Ministers of Foreign Affairs（2013）, *UfM Roadmap for Action: The Union for the Mediterranean, An Action-Driven Organisation with a Common Ambition*, を参照。

21　European Commission（2008）, *Barcelona Process: Union for the Mediterranean*, COM319 final. より。

だろう。いわゆるヨーロッパと近隣諸国という関係から、ここにおいてはじめてパートナーとしての「地中海諸国」を主体に据えた国際協力関係が構想されるに至ったのである。

2008年10月、モロッコはEUの近隣諸国で初めて、「優先的地位（Advanced Status）」を獲得した[†22]。ENPにおける行動計画の成果をもとに付与される「優先的地位」とは、連合協定の内容をさらに深め、EU域内市場との一層の統合を目指した「財・サービス・資本」の完全な自由移動と専門職の自由移動の実現を目標に掲げるものである。さらに、「優先的地位」合意の最大の特徴は、モロッコによるEU法の総体（アキ・コミュノテール）の受容が明らかにされ、同国の国内法を部分的にEUアキへと接近させていくことで双方が合意をみた点である。欧州委員会は、アラブの春以降の南地中海沿岸諸国の政治情勢に鑑み、EUのパートナー諸国に対し、ENPの行動計画を通じた国内経済改革の促進と「優先的地位」の獲得を推奨している[†23]。2010年11月、欧州委員会はEUの新中期成長戦略「欧州2020戦略」の中核要素として、新たな通商戦略を打ち出した[†24]。2013年3月以降、EUとモロッコの間では、これまでの連合協定の内容をさらに発展させ、EU単一市場への統合を目指す「高度かつ包括的な自由貿易協定（DCFTA）」締結に向けた交渉が進展している。今後は、モロッコ・チュニジアなどにおける「優先的地位」に関連する法改正の進捗状況を注視する必要があるが、EU加盟を前提としない地中海エリアにおいて、こうした流れのフロントランナーとなっているモロッコのプレゼンスは急速に

22　2010年にヨルダン、2012年にはチュニジアが優先的地位を付与されている。

23　European Commission（2011）, *A Partnership for Democracy and Shared Prosperity with the Southern Mediterranean*, COM（2011）200 final. を参照。

24　2006年に発表された通商戦略「グローバル・ヨーロッパ：国際競争への対応」に代わるもので、中国・インド・ブラジル・ロシア・メルコスールを含む戦略的パートナーとの関係について、自由貿易協定（FTA）を視野に入れた関係強化を提示している。田中素香・長部重康・久保広正・岩田健治（2018）、『現代ヨーロッパ経済』第5版、有斐閣アルマを参照。

高まりつつある。

むすびにかえて

　以上がEUの対外経済関係の現在を論じるなかで、地中海政策が重要視されるに至った経緯である。これまでのフェーズの展開から分かるように、EUがEEC発足当初の特恵主義に基づく通商協力を、EU非加盟国とのパートナーシップに基づく包括的な対外政策へ転換させるなかで、地中海政策は重要な位置を占めている。それゆえに、EUにとっての地中海政策は、移民や難民の流入などの環境変化に対応しつつ、安定的で継続的な関係を地中海エリアにおいていかに構築していくかが今後も課題となる。この課題の検討は、EUと地中海諸国双方の視点から分析する必要がある。

　EU経済の現状が論じられる場合、イギリスのEU離脱やユーロ危機など、域内における危機的動向に注目されがちであるが、あえてEU域外のパートナー諸国に向けて展開されるEUの新しい対外政策に目を向ける必要があるのではないだろうか。それによって、EUという巨大経済圏に対して、加盟・非加盟という観点とは異なる切り口からの議論が開かれうる。とりわけ、地中海諸国を注視することによって見えてくるEU経済の新たな可能性については、稿を改めて論ずることとしたい。

第5章

商社ビジネスの国際貢献
——14年間駐在したアフリカにフォーカスして

是永和夫

はじめに

　筆者は三菱商事に勤務し、1990年から96年までと2001年から2009年までの合計14年間、南アフリカに駐在して、アフリカ大陸の23カ国を訪問し商社ビジネスに従事していた。とりわけ南アフリカ、モザンビークを中心に、ビジネスとともに見聞した範囲で一商社における社会貢献、また、アフリカの人々とともに働くことの意義についても紹介し、商社における国際貢献についての理解を促進できればよいと考える。

　まず、全体的にいえることだが、現在の海外の商社ビジネスは、社会貢献なしには考えられない、切り離すことができないということである。アフリカは、資源の供給地として日本での私たちの生活に欠かせないほど存在感がある。それを介する商社にとってはビジネスとして魅力的であることは間違いない。ただ、ビジネスを展開する上で比重を増しているのは、いかに事業を展開する地域で社会に貢献することができるかである。

本章では、まず、アフリカ、特に南アフリカとモンザンビークでの事業について概観し、次にそれぞれの地域の社会貢献の内容とその意義を述べ、ビジネスと社会貢献のあり方について論じていきたい。

1. 三菱商事のアフリカでのビジネス

1-1　アフリカでの基本戦略

　筆者がアフリカに駐在していた時期は、アフリカ13カ国(アフリカ大陸全体は54カ国)に13の事務所を持っていた。エジプトとリビアは中東管轄下であり、筆者のテリトリーは11カ国12の事務所と、原油の探査・採掘を行っているガボンとアンゴラだった。

　法令遵守(Compliance)がすべてに優先することを鉄則として、アフリカにおける基本戦略(4本柱)をもって事業に取り組んだ。本章もこの基本戦略に沿って説明していく。それらは以下の通りである。

　(1)コマーシャル取引(輸出入取引)の拡大
　　　日本からの輸入：自動車、タイヤ
　　　日本向け輸出：プラチナ、クローム、天然ガス、原油、コーヒー、果汁
　(2)資源確保を主とした次世代案件の発掘・形成
　　　石油、ガス、金属資源の探鉱・開発
　(3)政府開発援助(ODA)プロジェクトへの取り組み
　　　基礎インフラ整備が中心 (道路整備、水供給等)
　(4)社会貢献活動(Corporate Social Responsibility, CSR)の積極的推進
　　　日本らしい援助

　日本からの自動車・タイヤ等の輸入、アフリカから日本向けとしてはプラチナ・クローム・鉄鉱石等の金属資源、また原油・液化天然ガス等のエネルギー資源の輸出という大規模な

ビジネスに加え、身近なものではエチオピアやケニアからヨーロッパ及び日本向けのコーヒー取引、南アフリカからの果汁ジュース取引等を幅広く行った。また資源確保を中心に、次世代に残すための優良案件の発掘および形成に注力し、西アフリカのギニアで鉄鉱石とアルミの原料であるボーキサイトの探査活動を実施し、また官民共同での社会総合開発、さらにそれぞれの地域での社会貢献も柱に加えた。

1-2 南アフリカの事業

まず、南アフリカでのビジネスから述べたい。

南アフリカの面積は日本の約3.2倍で、人口は5772万人程であるが[1]、豊かな自然に恵まれた南アフリカは、金・プラチナ等の金属資源を持つ国だ。南アフリカの主要輸出品目は、金・希金属・鉱製品であり、鉱物資源輸出国である[2]。

特に、鉱製品は、私たちの日常を支えている重要なものである。ステンレスといえば、私たちの普段の生活には不可欠のものだ。このステンレス鋼の原料はクローム(chrome)という金属である。クロームは鉱山採掘場で掘り出される。鉱山の一番深い場所は、地上から700m位の地下に及ぶ。そうして採掘されたクロームが、日常の身近にあるナイフやフォーク、台所の流し台、大きな物では建材やガスタンク、液化天然ガス(LNG)等の燃料の貯蔵タンク、化学プラント等になるのである。そして金属資源クローム採掘はほとんどがアフリカで産出され、その75%が南部アフリカに集中している。

このように資源が豊かなアフリカとは逆に日本は資源に乏しい国なので、日本のビジネスの中心は、南アフリカの持つ貴重な金属を確保して、日本に供給することが中心となる。

三菱商事は、2002年に51%のマジョリティシェアを持って

1　外務省「南アフリカ基礎データ」https://www.mofa.go.jp/mofaj/area/s_africa/data.html#section12019/5/31 閲覧。

2　前掲 URL

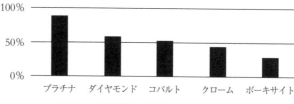

アフリカの鉱物資源埋蔵量　世界に占める割合

National Mineral Information Center https://www.usgs.gov/centers/nmic/
mineral-commodity-summaries から筆者・編者作成

HERNIC FERROCHROME 社の設立に参画[†3]した。HERNIC
FERROCHROMEは、ステンレス添加用の鉄とクロームの合
金である。世界第4のフェロクロームの製造規模で、クローム
鉱石の採掘から製錬までを一貫して行っており、日本にはな
いが生活に欠かせないものを提供するという社会的使命にお
いてこの資源を確保している。（尚、HERNIC社はその後順調に成
長したことにより、三菱商事としての歴史的使命を全うしたとの判断に
基づき2018年には南アフリカの地元企業に売却、返還された。）

1-3　モザンビークでの事業

　南部アフリカのインド洋に面したモザンビーク共和国で
は、大規模な MOZAL PROJECT[†4]と呼ばれるアルミニウム
地金精錬事業を行っているが、これはモザンビーク最大の資
源プロジェクトである。世界の金属資源会社の雄と言われる
BHP-BILLITON 社[†5]が47％、三菱商事25％、南アフリカ開発
公社24％、モザンビーク政府が4％をそれぞれ出資し、年間生
産量56万トンの世界第一級規模の精錬所である。また原料の

3　Hernic Ferocrome については、「Company Information」https://www.hernic.
co.za/company-information/ を参照。
4　Mozal Project に関しては、https://www.mitsubishicorp.com/jp/en/csr/library/
pdf/06sr-07.pdf#search=%27mozal+project%27
5　BHP-Billiton 社については、「BHP」https://www.bhp.com/ 参照。

アルミナはオーストラリアから、価格競争力のある電力の供給は南アフリカから受けている国際的プロジェクトでもある。

　モザンビークは、日本の面積の約2倍の国土を持ち、1975年のポルトガルからの独立後、長く内戦状態にあった。1994年に国際社会の積極的な介入もあって総選挙が実施され和平が成立した。モザンビークは、国内政情安定後に経済が落ち着きを取り戻し、その後、資源を活かした経済政策をとり始めた。現在の経済成長率は7-8％であり順調に推移している[6]。モザンビークの主な輸出産業はアルミニウムで、やはり資源の存在は経済に大きく貢献しており、多くの雇用を生み出すなど民間企業の責任も大きいことがわかる。

　さらにモザンビークでは、石炭開発プロジェクトにも携わってきた。先にあげたBHP-BILLITONと並び世界の金属メジャーの1つであるブラジルのVALE（ヴァーレ）社[7]がモザンビークで展開する石炭開発プロジェクトに、三菱商事は日本の日立建機と中国の大連重工と組んで、大型鉱山機械供給の立場から参画していた。

　このような大掛かりなプロジェクトでは、開発の進捗に伴い地域のインフラ整備、教育、医療等の総合的社会開発事業（OVERALL SOCIAL DEVELOPMENT）がパッケージとして加わってくる。例えば、元々は何もなかったMOZAL PROJECTの事業実施地は、首都マピトから西へ約20kmにあるが、首都へのアクセス改善のために道路整備なども同時に行われる。日本・ブラジル・中国が共にモザンビークの戦後復興のサポートをするという、グローバルなプロジェクトに発展しているといえるだろう。

　モザンビークは世界の最も貧しい国の1つであるが、資源開発や新規雇用創出などが、20年以上にわたった内戦で疲弊したこの国の発展に大きく寄与している。またこの後紹介す

6　外務省「モザンビーク共和国基礎データ」2019/5/31 閲覧。

7　ヴァーレ社については http://www.vale.com/　参照。

るが、医療、教育等を中心に幅広く実施している社会貢献活動も内戦からの復興に寄与している。

　筆者が駐在を始めた1990年代初期は、人種差別政策で世界から孤立していた南アフリカや内戦状態であったモザンビークは、ビジネスを進めるには大変な困難が伴った。それがここ20数年で劇的な変化を遂げたことになる。

2. 日本とアフリカの関係と南アフリカ現代史

2-1　アフリカと日本の関係

　先述のステンレスのように日本の日常を支える製品の原料供給地として深い関係のあるアフリカであるが、日本人にとってはあまり馴染みのない場所でもあろう。実際に地理的にも日本から遠い。日本から南アフリカまでは直線距離にして13,500kmで、日本からの直行便はなく、香港やシンガポール等のアジア経由、ロンドンやパリ等の欧州経由、また目的地によってはドバイ経由で乗り継ぎ、飛行時間はトランジットも入れて約20時間を要する。

　そのアフリカと日本の繋がりは大航海時代に始まったといわれている。1497年にバスコ・ダ・ガマがポルトガルを出航し、約半年をかけて喜望峰を回り、南アフリカのインド洋側の海岸に到着し、更にインドに到達した。ヨーロッパ人として初めて東洋航路を認識した。ポルトガル人が日本に漂着したのは1543年と記録されている。

　藤田みどり著『アフリカ「発見」』(岩波書店)の表紙には、黒い肌の人達が描かれている。当時ポルトガルの船は、大西洋から南アフリカの喜望峰を回り、インド洋に面した現在のモザンビークで補給をしていた。モザンビークで現地の人を下級船員やスタッフとして雇い入れていた。当時の日本人が見た褐色のアフリカ人はモザンビーク人であったと推測される。

2-2 南アフリカの近代史

　南アフリカは、1600年代にオランダ人、フランス人のユグノー（プロテスタント）が、宗教革命等の影響で本国を脱出してケープ地域に入植した。特にフランス人はブドウ栽培・ワイン製造の技術を持ち込んだ。三菱商事が事務所をおく南アフリカ最大の都市、ケープタウンは現在でもワインの産地としても知られており、テーブルマウンテンの周囲には多くの美しい葡萄畑があり、フランスの影響が窺える。オランダ人の多くは農民となり、現在の南アフリカ白人の中心的存在となってゆく。

　その後18世紀になると、産業革命を終えた英国が、ケープタウンを拠点として東方アジアへの進出を図ってくる。さらに18から19世紀に入ると金が発見され、資源国としての位置付けが高まり英国により興味を示して進出してくる。

　アフリカ全体でみれば、熱帯地域特有の気象条件や、マラリア・伝染病等の生活環境は厳しい地域や国々が多い。しかし、南極に最も近い南アフリカは、航海上の拠点でもあり、日本のような四季もあって、他の地域に比べて生活環境はよい。温暖で安定した気候がもたらす環境のよさが、数百年前にヨーロッパ人が進出先に南アフリカを拠点として選んだ理由である。筆者の駐在時には、先に述べたHERNIC FERROCHOME社の取締役会長を務め、日本人社員も出向させていたが、大規模な事業を実施していく上で、安全が全てに優先することと、従業員や家族、更に彼らが住む地域への配慮の重要性を痛感した。そしてこの経験が、アフリカにおける三菱商事の社会貢献活動に繋がることとなる。

3. 南アフリカ現代史——相互尊重（Mutual Respect）

3-1　人種差別政策の残滓

　南アフリカでは当然地元の人々を雇用して事業を行うことになるが、マネージメントにおいては、南アフリカ独特の事

第5章　商社ビジネスの国際貢献

情を理解しておかなければいけない。それは、1990年代初頭まで続いた人種差別政策と現在に至るその影響である。

　なお、はじめに断っておきたいのだが、現在南アフリカでは、特に公式の場においては「黒人」という表現をせず、HDSA（HISTORICAL DISADVANTAGED SOUTH AFRICAN）すなわち「歴史的に不利益を蒙った南アフリカ人」という表現をしている。

　公式の場では「HDSA」という表現が一般的であるが、本章ではより分かりやすい説明としてあえて「白人」「黒人」と表現することを、ご了解をいただきたい。すでに人種差別政策撤廃から30年近くになり、南アフリカでの差別は、確実に改善してきていることは間違いない。黒人の雇用機会は増加しており、また次世代を担いうる立派な人材も育ってきている。ちなみに筆者が勤務した三菱商事ヨハネスブルグ支店は全体で35名前後の規模であるが、最初駐在した当時、つまりアパルトヘイト時代末期の1990年時点においては、社有車の運転手とお茶のサービスをしてくれる女性が黒人で、それ以外は日本人駐在員と白人だけで構成されていた。

　一方、民主化以降では日本人、南アフリカ黒人、インド・マレーシア系のイスラム教徒の人々、そして白人がそれぞれ4分の1ずつというバランスのとれた構成になっている。かつて大型スーパーマーケットのレジ係は、民主化前は白人のみだった。今は白人、黒人、インド系など多様である。

　事務所内は和気藹々とした雰囲気であるが、時としてギクシャクすることもないとはいえない。会社の備品がなくなった時、疑われたのは黒人のスタッフで「私は黒人だから疑われたのですか」と言ったというエピソードを聞いたことがある。筆者が南アフリカでの任期を終えた2009年は、1994年の民主化達成から10数年しか経過しておらず、人々の心の中に複雑なものが残っていたことは否めない。ただ、筆者は信念として常にスタッフには「君たちは三菱商事の仕事を通じて新南アフリカの建設に参加している。新南アフリカ建設のためにはまずそれぞれ異なるバックグラウンドを持つ君たち

同士がお互いの立場を尊重、認識することが大切だ。すなわちMutual Respectの精神が最も重要だ」と繰り返しいってきた。共に仕事を遂行していく上でお互いを理解することは極めて初歩的であるが重要なことはいうまでもない。よって、南アフリカを論じる場合、以下に述べる「人種差別政策（アパルトヘイト）」という苦難の歴史を考えなくてはいけない。実際に筆者の約14年にわたるアフリカ滞在でも、この国の人々が悲しく辛い歴史を乗り越えてきた事実を目の当たりにしてきた。そこで、人種差別政策と抵抗の歴史についても触れておきたい。

3-2「人種差別政策」とMutual Respect（互いの尊重）

　人種差別的な事件は、今日でも社会に全くないわけではないだろう。しかしながらそのような事件が発覚すれば、法的にも社会的にも現代社会では糾弾される。しかし、南アフリカの決定的な違いは、人種差別が合法で、人種平等は非合法と憲法に規定されていたことなのだ。日常生活でも明らかに白人、黒人は区別されていた。バス停留所のベンチも空港のトイレもアパルトヘイト政策実行時代は、白人専用（European Only）と書かれていたスペースがあったほど徹底されていた。
　南アフリカ政府のとった人種差別をアパルトヘイトというが、オランダ系白人の言語であるアフリカーンス語で「分離、隔離」という意味である。1913年の原住民土地法では、黒人に割り当てる原住民指定地（リザーブ）が定められた。これは南アフリカ全土の9％に相当する。1948年にはオランダ系白人であるボーア人の単独政権・国民党政権が発足し、その後次々とアパルトヘイト関連法が制定されることになる。それらを列挙したのが以下である。
　これらの露骨な差別政策に対し、当然のことながら世界各国から厳しい抗議・批判を受けた。南アフリカ政府は「各民族が自己の個性を保ちながら他の民族の個性を尊重し、独自の発展を追求する」と苦しい弁明を行っていたようだが、結果的に白人以外の人々の教育などにもその影響が及び、教育機

人口登録法	出生時に白人、アジア人、混血種、黒人等人種の登録義務
不道徳法	白人と異種族が交わることは違法
雑婚禁止法	白人と異種族間の婚姻は違法、無効
集団居住地法	全国の居住区を人種別に割り当て
公共施設分離法	トイレ、プール等の公共施設の人種別使用
パス法	政府発行のパスを持たない黒人は白人居住区に移動不可

会の縮減を招き、これが安定した高い給与水準の職業に就けない原因となって、人種間の格差が拡大することになった。

3-3 抵抗の歴史

　アパルトヘイト政策への反発は、国際社会からのみならず、南アフリカの国内でも広がった。白人に対する抗議活動である。

　まず、取り上げられるのは、1960年に起きたシャープビル事件であろう。1960年3月アパルトヘイトの廃止を要求する黒人達がヨハネスブルグ近郊のシャープビル警察に対し大規模なデモを仕掛けたが、白人警官はこれに発砲、死傷者250名の大惨事となった。反対運動は南アフリカ全土に拡大、政府は非常事態宣言を発令するに至り、更に反対運動の主体者であった政党・アフリカ民族会議（AFRICAN NATIONAL CONGRESS, ANC）は非合法化された。このANCは現在の南アフリカの政権与党である。

　また、1976年のソウェト蜂起も有名である。ソウェトとは、ヨハネスブルク郊外の黒人居住区である南西居住地区を指すSouth Western Townshipsの略で、ボーア人の言語であるアフリカーンス語を学校の授業に採用することに黒人達が反発した事件である。1万人規模のデモが行われたが、中学生、高校生もよりよい教育を求めて立ち上がった。この時も白人警官が発砲し、子どもを含む300名の死者を出したといわれ、南アフリカの人種差別問題が世界中に大々的に伝えられた。

特に、この蜂起で警官隊の発砲で亡くなったヘクター・ピーターソン少年の写真は全世界に配信され、アパルトヘイトへの批判が世界中に拡がっていった[8]。

当時、南アフリカ国内では厳しい"情報統制"が敷かれており、ソウェト蜂起、さらにはヘクター・ピーターソン少年が亡くなった事実は国内では一切報道されていなかった。しかし、これらの状況を実際に現場で見た欧米メディアの特派員が、本国にレポートし、それが世界中を駆けめぐった。国際的な問題として大きく取り上げられると同時にその情報が外国から南アフリカに伝えられ、抗議運動に拍車をかけた。

3-4　南アフリカ／アパルトヘイト時代の現実

この間、世界各国でも反アパルトヘイト運動を支える動きが広まってきた。

例えば、南アフリカを代表するプロゴルファー「ゲーリー・プレーヤー」への投石事件が起こり、南アフリカのラグビー代表チームは、英国で警官隊に守られねば試合が出来なかったこともあった。

1977年11月、国連安全保障理事会は南アフリカに武器禁輸を決定、その後日本も含め主要各国が経済制裁を適用することになる。投資や輸出入が禁止され金属資源等は引き取り前年並みに抑えられる。南アフリカ政府も世界のこの様な動きを無視出来ず、1985〜86年にかけてパス法、不道徳法、雑婚禁止法が廃止され、更に90年2月白人政権与党デクラーク大統領は国会においてアパルトヘイトの全面廃止を公約した。世界の反アパルトヘイトの大きなうねりの勝利といえる。

最終的に1991年6月にアパルトヘイト関連法の全てが撤廃され、92年には経済制裁も解除された。1994年には全ての国

8　ヘクター・ピーターソン少年の悲劇的な事件は、人種差別政策時代の象徴的な出来事として捉えられ、現在、記念博物館が設置されている。詳細については、http://www.soweto.co.za/html/p_hector.htm を参照。

1977 年	国連安全保障理事会は南アフリカに武器禁輸を決定、経済制裁が強化
1985 年〜 86 年	パス法、不道徳法、雑婚禁止法の廃止
1990 年	アパルトヘイト全面廃止
1991 年	アパルトヘイト関連法全面撤廃
1992 年	経済制裁解除

民が参加できる民主政権誕生のための総選挙を行うことが確認された。

3-5　南アフリカ／民主政権の誕生と現状

　こうして1994年、民主政権が誕生した。白人政権最後の大統領デクラークは無条件で政権を譲渡し、民主化初代大統領のネルソン・マンデラは黒人側からの一切の報復を禁止する融和政策を実施した。これによりデクラークとマンデラは和平への貢献が認められ、ともにノーベル平和賞を受賞することになる。

　マンデラは1期5年の大統領を務めた後、1999年に政権をムベキ大統領に禅譲した。アフリカ大陸における初めての流血を見ぬ政権交代と評価され、ムベキは2期9年を務めた。そして2009年からは、ズマが民主化達成後3代目の大統領に就任したが、政権の腐敗（汚職）を主因に2018年の2月に退陣し、副大統領のラマポーザが新大統領に就任しし現在に至っている。しかし、人種差別が法的に解決されても、すべての社会問題の解決がなされたわけではない。新たな問題も出てきている。それは民主化達成後、黒人間の経済格差が大きくなっていることである。黒人資本の登用、黒人の資本・株式を最低25%と定めるなどの政策は、時流に乗った富裕層と大金持ちになった人達と相変わらず1日1ドルで生活している人達との間に格差を生み出した。差別に対して団結して一枚岩となれた人々の間にも格差、断絶が生まれてきたのである。これは、現在その解決に向けて取り組むべき大きな課題として残っている。

こうした現代的な問題もその根本には、アパルトヘイト時代が終わっても、差別を乗り切れない格差があると考える。南アフリカの黒人といっても、11の部族がある多民族国家なのである。黒人の部族間も一枚岩ではない。多様性やこれまでの経緯を理解したマネージメントは必須なのである。

　また一口にアフリカと言っても、アフリカは多様性に富んでいる。旧宗主国／植民地の影響から、言語、宗教、文化の異なる国の集合体なのである。ちなみに三菱商事の上記管轄下の公用語においてもモロッコ、アルジェリア、チュニジア、コートジボワール、セネガル等の旧フランス領は「フランス語」で、ケニア、南アフリカ等は「英語」、そしてモザンビーク、アンゴラは「ポルトガル語」と多様である。また、各国の中でも言語、文化、民族が多様でもある。それを知ることなしに相互尊重は不可能であるが、社会貢献活動は、そうした複雑な事情を間近で実感できる機会でもある。

4. モザンビーク、南アフリカでの具体的な社会貢献例

4-1　モザンビークでの活動

　次にアフリカでの社会貢献活動に言及したい。ビジネスが内戦や人種差別政策による国際社会からの制裁を受けていたモザンビークや南アフリカでは、特に社会的な基盤が脆弱であり、ビジネスを進める上でそれらを補完することが重要であり、それが最終的に現地の人々への貢献につながる。もはやビジネスと切り離せない社会貢献(CSR)の事例を紹介したい。

① 　モザンビーク　MOZAL社のケース

　先に述べたMOZAL社は、モザンビークの主産業である資源を扱う最も大きな企業の1つである。MOZAL社では、収益にリンクした形ではあるが、過去最大で年間5億円規模、現状でも数億円の規模で周辺地域の環境整備や社会貢献活動を行っている。

内容としてはHIV/AIDS、マラリア等の撲滅や診療所の整備などの健康面からの支援、小中学校や職業学校等の設立・運営など教育面の支援、農業振興、小規模ビジネスサポート等、多岐にわたっている。

② 　HERNIC社の社会貢献活動
　南アフリカのHERNIC社はMOZAL社に比べ会社の規模が小さいものの、独自のSOCIAL AND LABOR PLAN（社会的労働計画）を作成の上、毎年百万ドル程度を地域貢献活動に拠出しており、ここでもHIV/AIDS撲滅プロジェクト、地元の貧困層への住宅や電力供給、青少年への奨学金提供等を行っていた。

③ 　人材育成
　こうした社会貢献活動は、日本人スタッフの人材育成にもつながる。社会貢献活動への次世代のエキスパートの育成である。MOZAL社とHERNIC社は、日本人の若手人材が活躍している。
　HERNIC社に出向した若手社員は、文化、言語の違いに戸惑いながらそれらを乗り越えて職場に溶け込み、アフリカでの事業のエキスパートとなった。同時に、貧困層への視点や奨学金提供を現実に体験して、CSR活動のエキスパートにも成長した。現地の子ども達と共に歩む経験は、東京のオフィスでパソコンを見ているだけでは絶対に出来ない経験であり、そうした人材は会社にとっても貴重な財産となる。

④ 　モザンビークにおける地雷除去プロジェクト
　このプロジェクトの周辺で、この国の内戦時に長期にわたり大量に敷設され、現在もなお人々の生活を脅かしている地雷について、三菱商事は日立建機と共同で除去するプロジェクトも開始した。地雷除去のための機器はODA（政府開発援助）等の政府資金により供給され、ガソリン代や作業員の給与等

のオペレーションコストは企業CSRによって賄われる仕組み
を作った。

　規模は小さいが、今まさに注目されている官民共同プロジェ
クト、PPP（PUBLIC PRIVATE PARTNERSHIP）事業の非常に分かり
やすい例であろう。PPPは、開発途上国のインフラ事業に、官
と民が連携して公共性の高い事業などをより効率的・効果的
に行うことを目指すものである。現在PPP方式を導入してい
る事業で、国際協力機構（JICA）が、途上国政府によるPPP事業
への資金的支援の各施策に応じた円借款スキームで、PPPイ
ンフラの実現を支援している[9]。

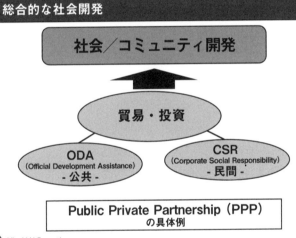

総合的な社会開発

社会／コミュニティ開発

貿易・投資

ODA
(Official Development Assistance)
- 公共 -

CSR
(Corporate Social Responsibility)
- 民間 -

Public Private Partnership（PPP）
の具体例

Mitsubishi Corporation

4-2　三菱商事のアフリカにおける社会貢献事業

　次にアフリカ大陸の全般にわたって行っている三菱商事の
社会貢献事業について、南アフリカ以外についても説明したい。
筆者がアフリカで業務に取り組んで痛感したのは、どのよう

9　国際協力機構（JICA）https://www.jica.go.jp/activities/schemes/finance_
co/about/ppp.html を参照。

なビジネス事業をするにしても、繰り返すが各々の国の地域社会や人々との相互理解が不可欠ということだった。その意味で社会貢献活動、CSR活動は極めて重要であるとの認識のもとに、アフリカ全般にわたって活動をしてきた。

アフリカにおけるこのような動きは、もちろん三菱商事だけではなく、トヨタ自動車・ブリヂストン・住友化学・小松製作所等、それぞれの分野で日本を代表する各企業も独自のアイデアで活動を展開していることも付記したい。

三菱商事のCSR活動については下記の表を参照されたい。

モロッコでの救急車寄贈	モロッコ政府へ2台の救急車を寄贈した。広大な砂漠で暮らす人々のサポートのため仕様にも注意。
ケニアでの植林プロジェクト	熱帯林の減少が地球温暖化や自然生態系の保全に悪影響を与えていることに注目し、ノーベル平和賞受賞者のワンガリ・マータイ女史の指導の下、三菱商事がケニアに1万本の植林を実施。環境保護案件では、タンザニアの自然保護区での資料館改修プロジェクト、セーシェルでのサンゴ礁保全プロジェクトを実施。
セネガルでの産婦人科クリニック建設	医療案件については、他にも上に挙げたモロッコの救急車寄付や、アルジェリアでの障害者職業訓練所への車椅子等の機材寄付。
コートジボワール・児童図書館改修・機材供与	内戦で疲弊したコートジボワールの首都アビジャンの、児童図書館整備プロジェクトで。
南アフリカでの奨学金	苦学している大学生への奨学金であるが、南アフリカ以外では、ケニアでも行いナイロビ大学等の学生にも提供。
南アフリカHERNIC社地元小学校への支援	HERNIC社が共同して毎年テーマを決め、地元小学校へサポート。具体的には、天井や屋根の整備、校庭での農園作り、教室の窓ガラスやコンピューターを寄付等。また、サッカーボールや文具等を寄贈。

5. 最後に──21世紀はむしろ人の時代

　グローバル時代といわれ、ICTやAI技術が進展すれば、ますます効率が重視され、ボタンを押せば一瞬で情報が伝達でき、コンピュータの画面を見て世界の動向を知る動きはさらに加速していくであろう。ただ、これまで述べてきたように、人々を知り、つながりを創り出すのはFace to Faceの関係性である。

　これまで述べてきたビジネスや社会貢献活動を進めるには、次のようなキーワードを常に心がけていくことが必要である。

Compliance（法令遵守）⇒すべてに優先

Communication （意思疎通）	Confidence （確信）	Clarification （明確化）
Consultation （相談）	Confirmation （確認）	Cooperation （協力）
Creation （創造）	Contribution （貢献）	Continuity （連続性）

　これらは業務遂行のために必須の事柄であるが、第一に人と人との繋がりがなければ成立しない。また、ここで取り上げた巨大なビジネスプロジェクトも社会貢献活動もこれらのCを意識したものであることをご賢察いただきたい。

　これを進めるためには、人との繋がり、特にアフリカにおいては、先述のように多様な民族、文化が存在しそれを理解する相互尊重が何より重要である。なぜなら健全な企業経営は地域との共生が基本であり、それがなければ維持することはできないからである。

　また、現地の人々にとって筆者ら商人は間近に接する日本人であり、我々を通じて日本を理解する。よくいわれるように民間の外交官的な存在であることを自覚すること、また駐在国を尊重し、人々に愛情を持って接することが相手との相互理解を醸成する。また、現地の人々の状況を知り、他者に発信するいわば特派員的な要素も持ち合わせている。事業がグ

ローバルに展開するにしても、人間同士の触れ合いの延長上で関係者全てに利益をもたらすことが可能になる。

　理論物理学者で最先端の科学研究に取り組んできた米沢富美子・慶應義塾大学名誉教授は、「21世紀を人間の世紀に」するには、「環境や生命を基本においた総合科学という方向が不可避」[†10]との言葉を残している。「総合科学」だけではない。ビジネスもまた然りである。

　（本章は、2018年10月に行われた東洋英和女学院大学国際関係研究所主催講座での講演録に編者が加筆・修正したものである。）

10　米沢富美子『科学する楽しさ──21世紀へのチャレンジ』新日本出版社1996年、143－146頁。

第**6**章

中小企業の国際協力志向型海外展開を通じた貢献

丸山隼人

はじめに

　従来より日本企業は、政府開発援助（ODA）事業への参画等を通じて国際協力における貢献を果たしてきた。たとえば日本企業は、計画策定・設計・入札補助・施工管理にかかる支援・助言といったサービスを提供するコンサルタントとして、あるいは設備・資機材の調達や土木工事などの実施を担うコントラクターとして、日本のODAの有償及び無償資金協力事業に参画している。そして、こうした資金協力事業に主契約者として参画するのは、主として総合建設コンサルタント会社・総合商社・ゼネコン・メーカーといった大企業である。

　他方、日本の中小企業については、こうした大企業向けに、事業の遂行に必要な資機材や部品、労務などを提供する場合に限り、ODA事業への参画が実現した。つまり、従来中小企業は、間接的かつ限定的な形で国際協力に参画してきたといえる。こうしたなか日本政府は、自社の製品や技術を活用して途上国の開発課題の解決を目指しつつ、ビジネス展開を試みる中小企業に対するODAによる支援を2012年に開始し

た。これは、日本の企業数の99.7％を、そして雇用の約7割を占める中小企業（中小企業庁 2016: 3）に対して、国際協力への直接的かつ主体的な参画に門戸を開いたという意味で、ODA政策の革新的な転換であったといえる。

　しかしながら、こうした国際協力志向型の海外展開に取り組む日本の中小企業が果たし得る貢献について、中小企業が有する特徴や独自性にも着目しつつ論じている先行研究は、筆者の知る限り限定的である。そこで本章では、国際協力志向型海外展開に取り組む日本の中小企業が、海外展開先（以下「相手国」）のみならず、社内においてどのような貢献を果たし得るのかを次の構成で考察する。第1節では、海外展開に取り組む中小企業を対象としたODAの支援メニューを概観する。第2節では、中小企業の海外展開で実現し得る相手国への貢献を、裾野産業育成及び地方開発・復興支援の観点から検討する。第3節では、中小企業による相手国への貢献の原動力・意義・展望について考える。第4節では海外展開を通じた社内への貢献について検討する。

1. ODAの支援メニュー

　日本のODAの実施機関である国際協力機構が行う、海外展開に取り組む中小企業を対象としたODAの主な支援メニューは、「基礎調査」、「案件化調査」、「普及・実証・ビジネス化事業」の3種類である。各支援メニューの概要は以下の表の通りである。
　また、国際協力機構が実施した『【ウェブ掲載版】アンケート調査結果の分析報告書——中小企業海外展開支援事業に係る事後モニタリング調査（2017 年度）』を見ると、支援メニューの概要・結果等について以下のような報告がなされている。

◆ 2012年度の開始後から2017年3月末時点までに約290件の事業が完了。
◆ 事業実施地域については、東南アジアが最も多く（226

表　海外展開に取り組む中小企業を対象としたODAの主な支援
　　メニューの概要

項目	基礎調査	案件化調査	普及・実証・ビジネス化事業
概要	基礎情報の収集・分析	技術・製品ビジネス等の活用可能性を検討し、ビジネスモデルの素案を策定	技術・製品やビジネスモデルの検証。普及活動を通じ、事業計画案を策定
対象	中小企業、中小企業団体の一部組合	中小企業、中堅企業、中小企業団体の一部組合	
上限金額	850万円	3,000万円または5,000万円	1億円または1.5億円
期間	数か月～1年程度		1～3年程度

出典:国際協力機構(2019)のpp.16-17の表を加工して筆者作成

件中147件）、次いで南アジア（226件中33件）となっており、アジアが中心。

◆ 対象とした開発課題については、水の浄化・水処理・上下水（244件中53件）を筆頭に、農業・農村開発（244件中41件）、環境・資源・エネルギー（244件中40件）、廃棄物処理（244件中28件）、防災・災害対策（244件中20件）と続き、広範な開発課題が対象となっている。

◆ ODA支援完了後もビジネスを継続している割合は約8割（226件中179件）。また、その理由として最も多いのは「自社の製品・技術・サービスを現地ニーズに一致させられたこと」（179件中97件）となっている。

◆ ODA支援完了後もビジネスを継続している179件のうち、経済面における開発効果が実現済みの割合は、①「現地雇用の創出」が26％（47件）、②「人材育成（技術移転）」が24％（43件）、③「裨益者の所得向上」が12％（21件）、④「産業セクター発展」が4％（8件）となっており、いずれも低い。他方、これらの項目について、実現「済み」の割合ではなく、2年以内に実現する「計画」・「見込み」の割合をそれぞれ見ると、①が31％

（55件）、②が41％（75件）、③39％（70件）、④21％
（37件）となり、実現「済み」と比較して高い。

◆ 同様に179件のうち、社会面における開発効果が実
現済みの割合は、①「現地関係者の意識向上」が17％
（31件）、②「生活改善」が13％（23件）、③「行政サー
ビスの向上」が7％（13件）、④「政策・法律の制定等」
が4％（7件）、⑤「社会的弱者の活性化」が4％（7件）と
なっており、いずれも低い。他方、これらの項目につ
いても、2年以内に実現する「計画」・「見込み」の割合
をそれぞれ見ると、①が31％（55件）、②が29％（52
件）、③21％（37件）、④21％（37件）、⑤21％（38件）
となり、実現「済み」と比較して高い。

◆ 同様に179件のうち、環境面における開発効果が実現
済みの割合は、①「環境負荷の軽減」が9％（17件）、②
「資源利用の効率化」が9％（16件）、③「環境改善・増
進」が8％（14件）となっており、いずれも低い。他方、
これらの項目についても、2年以内に実現する「計画」・
「見込み」の割合をそれぞれ見ると、①が24％（43件）、
②が26％（47件）、③19％（33件）となり、実現「済み」
と比較して高い。

◆ 同様に179件のうち、「海外展開の取り組みに関連し
た売上の増加」が実現済みの割合は13％（24件）と低い。
他方、2年以内に実現する「計画」・「見込み」の割合は
44％（79件）となり、実現「済み」と比較して高い。

　今後、前述した「経済・社会・環境面における開発効果」及び
「海外展開の取り組みに関連した売上の増加」が実現する「計
画」・「見込み」を、できる限り多く実現「済み」へと推移させる
うえでは、中小企業の海外展開支援施策の充実化や、中小企
業支援に長年携わっている日本貿易振興機構や中小企業基盤
整備機構といった各種機関と国際協力機構間の連携強化が有
効になるものと考えられる。

2. 相手国への貢献

前節でみた通り、中小企業の国際協力志向型海外展開は、相手国の様々な分野の開発課題解決において貢献を果たし得る。そこで本節では、海外展開を行う日本の中小企業が相手国において果たし得る貢献について、東南アジアをはじめとする途上国において支援ニーズが高いと考えられる裾野産業育成と地方開発・復興支援それぞれの観点から考えてみる。

(1) 裾野産業育成

アジアの裾野産業について論じている馬場敏幸によれば、裾野産業とは「自動車や電子・電気製品等、工業製品の製造に際し、多種多様な部品・部材を供給する産業で、サポーティングインダストリーとも呼ばれている産業群」(馬場 2005: 1)である。すなわち、裾野産業は、産業の「根っこ」(細貝 2013: 27)、そして産業の「基礎」(中沢 2014: 21)であるともいえ、その育成は国の安定・成長のうえで鍵となる。

しかしながら、高い経済成長が続く東南アジア諸国連合(ASEAN)各国においても、裾野産業は十分育成されたとはいいがたい。1970年代から国産化への取り組みが行われているインドネシアの自動車産業でさえも、日本企業による技術移転などの効果もあって国産化率は大きく上昇したものの、日系部品メーカーへの依存は1999年時点でも依然強い状況であった(馬場 2005: 148)。また、現在のASEANに目を向けても、見本だけはコストを度外視して立派なものをつくるが、量産段階になると見本の品質が維持できないといった部品メーカーが散見され、日本の中小企業の技術レベルとは大きく異なる状況となっている(中沢 2014: 65)。さらに既に中進国入りを果たしたとされるタイでさえも、日本から進出した企業の技術力と、現地地場企業との技術格差はとても大きい(同書: 89)。そのため、既に一定程度の経済発展を実現しているタイやインドネシア等のASEAN先発国においても、裾野

産業育成に関する課題が未だに存在するものと考えられる。

　こうしたなか、多くの日本企業は、製造業に強く、原材料部材の調達・生産工程・製品販売後のアフターケアにおいても高い品質管理水準を要求することから、進出先の裾野産業育成・人材育成・技術移転に長期的に取り組む場合が多い（大野 2014: 10）。すなわち、日本企業の海外展開は、相手国の裾野産業の育成を後押しする可能性があるというわけである。この点は、インドネシアの自動車産業が発展した要因の1つは、現地進出日系企業による現地部品メーカーへの技術移転を通じて、現地において裾野産業が育成された（馬場 2005: 125）という事実からも支持される。

　他方、日本の大企業ではなく、日本の中小企業だからこそ果たし得る相手国の裾野産業育成に関する貢献に限定した場合、これを明確に論じている先行研究は筆者の知る限り見当たらない。だが、主に中堅・中小企業から構成されている部品メーカーやサプライヤーに関する次のような議論に鑑みると、日本の中小企業は相手国での裾野産業育成において独自の貢献を果たし得ることが示唆される。

　まず、インドネシア進出日系自動車メーカーや現地自動車部品メーカーなどからの聞き取り調査を行った馬場は、現地自動車部品メーカーの育成においては、日系自動車メーカーのみならず、そのサプライヤー（下請・孫請）である日系自動車部品メーカーによる現地自動車部品メーカーへの技術移転などの役割が大きかったことを明らかにしている（馬場 2005: 121-139）。また、本聞き取り調査においては、日系自動車メーカーではなく、日系自動車部品メーカーからの技術移転により、高い品質の製品を安定的に製造することが可能となったと回答した現地自動車部品メーカーも複数存在している（同書: 131）。馬場は、残念ながら、現地自動車部品メーカーへの技術移転における日系自動車メーカーと日系自動車部品メーカーの役割・機能の違いについては具体的に論じていない。だが、この馬場の考察からは、中堅・中小企業も含まれるであ

ろう日系サプライヤー（下請・孫請）企業だからこそ担える、裾野産業分野の技術移転の領域が存在することが推察される。

また、他産業に目を向けても、建設業界に長く身を置く山崎裕司は、主に中堅・中小企業から構成されているサブコン（下請・孫請）について、その独自の役割と重要性に関して次の通り論じている。

> サブコンが現実には本当の生産活動に従事している。現場で型枠を加工し、鉄筋を設置してコンクリートを打設する、ものを造る作業はすべてサブコンの仕事になる。ゼネコンは管理監督の任にあたる。建設物の品質を云々するとき、サブコンの存在や能力は無視できない重要性を持つ。（山崎 2009: 30-31）

これらの議論からは、日本の中小企業は相手国の裾野産業育成において、とりわけ製造や建設の「現場」における技術移転や人材育成を通じて、独自の貢献を果たし得ることが示唆される。

（2）地方開発・復興支援

都市・地方農村間の格差是正、並びに長引く地域紛争への対応は、高い経済成長が続くASEANにおいても依然大きな課題である。たとえば、ミャンマーにおいては、日本企業の進出が集中する同国最大都市ヤンゴンの貧困率が16.1％となっているのに対して、地域紛争の影響も受けているチン州・ラカイン州・シャン州といった地方州の貧困率はそれぞれ73.3％、43.5％、33.1％となっている（国際協力機構他 2017: 2）。

また、タイ・フィリピン・インドネシア等のASEAN先発国においても、ミャンマーと同様に、地方農村部の貧困は依然として深刻である。末廣昭が指摘するように、アジア諸国内の所得格差は解消されるどころか、むしろ拡大する傾向にあり、こうした経済的不平等はアジア諸国が直面する最も深刻な問

題となっている（末廣 2014: 19）。さらに、タイ南部やフィリピンのミンダナオ地域においては、低開発が地域紛争発生の一因となっていることも指摘されている（山田 2016: 28-29）。つまり、東南アジアをはじめとする途上国においては、地方開発や紛争・災害後の復興が依然大きな課題として横たわっており、日本による貢献も期待されているのである。

　こうしたなか、途上国において地方開発と復興支援に取り組む日本の中小企業が存在する。それは、山梨県南アルプス市に本社を置く中小企業である株式会社日建である。同社は、地雷原に暮らす人々が畑を拡大し作物を収穫できるようにするために、草木の刈り取り・地雷除去・土地の整地機能を有する地雷除去機を開発し、本機材を投入した事業をカンボジアで展開している[1]。これは、日本の地方の一中小企業が、農業振興を通じた地方開発と地雷除去を通じた復興支援の両面において、相手国で貢献を果たしている好例であるといえる。

　また、日本の中小企業の強みや特徴に再度着目すると、地域資源を活用した地方開発においても中小企業は貢献を果たし得ることに気づく。そもそも日本の中小企業は、国内の地方・地域経済の発展において重要かつ独自の役割を果たしている。また、地域経済の持続的発展のためには地域資源の活用が重要となるが、日本の中小企業はこうした地域資源を活用した比較優位製品を生み出すことができる（佐竹 2017: 4）。つまり、長きにわたり地域に存立し地域貢献をしてきた日本の中小企業は、地域資源を活用したイノベーション力を発揮し得るのである（佐竹 2017: 3）。

　ところで地域資源というと、まず思い浮かぶのは、農林水産物や伝統産品、観光などかもしれない。だが日本には、「土」でさえも地域資源として活用し、差別化されたビジネスを営む中小企業群も存在する[2]。このように、地域資源を活用し

1　日建ホームページより（2019 年 2 月 19 日アクセス）。
2　たとえば、淡路島で産出する粘土で生産される「淡路瓦」の瓦製造業者など（http://www.kincera.net/about-awaji-kawara/　2019 年 2 月 16 日アクセス）。

た事業に取り組む日本の中小企業の目線で地域資源について改めて考えてみると、途上国の地方農村部や復興地域で未利用・低利用となっている地域資源がまだ多く眠っている可能性もあるのではないだろうか。今後、地域資源に付加価値をつけた事業に強みを有する日本の中小企業による、途上国の地方開発や復興支援への積極的な参画・貢献が期待されるところである。

3. 相手国への貢献の原動力・意義・展望

それでは、そもそも日本の中小企業は、なぜ自社ビジネスを通じて相手国への貢献を果たそうとするのであろうか。この点を考えるうえでは、大野健一の次の議論が参考になるので、少し長くなるが引用したい。

> 製造現場のムダ削減やカイゼンに誇りをもち、品質や顧客満足に強い使命感がある。ものづくりは単なる金儲けの手段ではなく、経営者や職人のきわめるべき道であり哲学である。他国企業によくある、短期利益追求、自社都合の契約不履行、ライセンス取得後の不投資、コンプライアンスの欠如といった行動は日系企業にはあまりみられない。(中略)眼前の利益を度外視してでも、信頼できるヒトと企業をさがし、あるいは育て、すぐれた製品をつくり消費者に喜んでもらいたいという、ナイーブだが誠実な技術屋的DNAは、それゆえに工業化をめざす途上国から歓迎され、長期的な信頼関係を築きやすいという側面があることも否定できない。(大野 2015: 12-13)

この大野の議論からは、日本企業が海外展開をする場合、自社の利益のみを考えるのではなく、ものづくりやひとづくりを通じて相手国においても何らかの貢献を果たしたいという想いを有していることが示唆される。また、京セラや

KDDIの創業者であり、中小企業経営者を対象とした「盛和塾」も主催する稲盛和夫が、次の通り述べていることに鑑みても、日本企業は本業を通じた社会貢献への想いを顕在的あるいは潜在的に有しているものと考えられる。

集団が心をひとつにして事業に邁進するためには、どうしても事業の「大義名分」が必要となる。その事業が世の中に対してどのような意義を持ち、どのように貢献するのかという、次元の高い目的が必要となる。(稲盛 2010: 242)

それでは、こうしたなか、日本の大企業ではなく、中小企業だからこそ果たし得る相手国への貢献とはいったい何であろうか。この点について、次の2つの観点から考えてみたい。

(1) 経営者主導の海外展開

1点目は、日本の中小企業の海外展開は、経営者自らによって主導されることが多い点である。たとえば、前述の日建は、社長自らがカンボジアの地方農村部の事業サイトに何度も足を運び、地雷原付近の住民たちと寝食をともにしながら製品研究・開発を重ねていたという[3]。また、他の海外展開事例を見ても、社長が陣頭指揮を執りつつ海外展開を進めているケースは少なくない。それでは、こうした経営者主導の海外展開は、どのような強み・特長を有するのであろうか。

まず、経営者主導の海外展開は、事業の迅速化につながり得る。そもそも、中小企業は、経営者の裁量の余地が大きいため、何段階かにわたる承認を必要とする大企業の階層的組織と異なり、特定の事項にかかる組織決定や、決定事項の組織内への浸透の速度が速い(渡辺他 2013: 71)。こうしたスピードという強みは、経済成長が著しく、ビジネス環境の変化も

3　日建ホームページより(2019 年 2 月 19 日アクセス)。

大きいASEANやその他途上国市場をターゲットとしたビジネスを展開していくうえでかなり有効となろう。また、行動なく対話だけ、NATO（Not Action Talk Only）と他国から揶揄・批判されることもある日本企業の海外展開（関 2015: 153）が迅速化されることになれば、日本企業の海外展開は相手国にとってもより魅力的なものとなるであろう。

　次に、経営者自らが海外展開を主導することは、リスクは高いが貢献度も高い国際協力志向型海外展開に中長期的視座から果敢に挑戦できる可能性を高め得る。そもそも海外展開は、海外という新たな市場を対象とする成功確率の低い「新規事業」である。そのため、減点主義的人事考課を適用し、株主からの圧力も大きい日本の大企業は、こうしたリスクの高い新規事業を避ける傾向がある（坂本 2010: 21-25）。それに対して、多くの中小企業は、株式未公開であるため、社長のリーダーシップを発揮しやすく、社会的課題の解決に資する新規事業を実施するうえでの組織体制という点では、相対的に有利なのである（許 2015: 81）。つまり、新たな分野に対して、リスクのある行動を展開できるのは、多くの場合中小企業であるといえる（渡辺他 2013: 31）。

　最後に、起業家精神を有する日本の経営者が相手国の人々と連携しつつ海外展開を行うことは、相手国における起業家精神の強化にもつながり得ることも指摘したい。これまでも、途上国の経済社会開発や社会的課題の解決においては、起業家精神の奨励が重要であることが論じられている[†4]。この点において、日本の戦後復興期や高度経済成長期を体感・牽引してきた日本の中小企業の創業者・経営者が、国づくりや高度経済成長の最中にある途上国の人々と協働することは、経済社会開発を推進するうえで鍵となる起業家精神が相手国で根付く一助となるのではないだろうか。

　4　たとえば、開発援助委員会（1969）やドラッカー （2002）など。

（2）多様な人材の活用

　他方2点目は、日本の中小企業は「多様な人材の担い手としての役割」（中小企業庁 2015: 184）を果たしている点である。まず、日本の中小企業が多様な人材を雇用・育成している背景には、中小企業を取り巻く厳しい人材採用状況が関係しているものと思われる。この点については、『2015年版中小企業白書』に詳述されているため、少し長くなるが紹介したい。

　企業規模別に見ると、規模が小さくなるにつれて顕著に充足率[5]が減少し、29人以下の企業では、足下において充足率が38.0％となっており、中小企業・小規模事業者が人材を十分に確保できていない現状が見て取れる。（中略）従業員が300人以上の企業においては求人倍率が1.0倍程度で推移し、求人数と求職者数が均衡している一方で、300人未満の企業においては、その数値が3.0〜4.0倍で推移し、足下では4.5倍と上昇傾向にあることが分かる。このように、従業員規模の大きな企業に求人が集中する（中略）。大企業では、大学・大学院卒業者の割合（36.0％）が最も高い一方で、中小企業・小規模事業者では高校卒業者の割合（45.9％）が最も高くなっており、中小企業・小規模事業者の人材採用において高校卒業者の存在が重要であることが分かる。しかしながら、（中略）昨今、中小企業・小規模事業者は従業者のほぼ半数を占める高校卒業者の確保に苦慮しており、また、大卒者に関しても十分に確保できておらず、こうした事由が中小企業・小規模事業者の人材不足感の強まりの背景にあるものと推察される。（中小企業庁 2015: 188-190）

　だが、ここで着目したいのは、こうした中小企業が直面し

5　「充足率とは、求人数に対する充足された求人の割合を示す指標である」（中小企業庁 2015: 188）

ている苦境ではなく、人材の雇用において中小企業は大企業と比べて圧倒的不利な立場に置かれているのにも関わらず、なぜ多くの中小企業は高い品質の製品やサービスを提供し続けることができているのかという点である。たとえば、学歴や業界経験を不問とした人材採用を行う中小企業が、特に優秀な企業のみに与えられる優良企業認定を地方自治体から与えられるといった事例も存在する。また、犯罪歴のある若者を雇用し、仕事を通じてこうした若者を立派に育成して、高品質のサービスを提供している中小企業も存在する[†6]。なぜ、日本の中小企業は、このような「多様な」人材の育成が可能なのであろうか。その謎を解明している先行研究は筆者の知る限り見当たらないが、『2015年度版中小企業白書』において次の通り1つのヒントが示されている。

> 人材の確保・育成のいずれをとっても、それぞれ企業で行っている取組は多様であるが、あえてそうした企業の共通点を挙げるとすれば、各社がそれぞれの個性を把握した上で、従業員と真摯に向き合っている点である。その結果として、各社にあった人材の確保・育成に関する成功の在り方が生み出された。（中小企業庁 2015: 278-279）

あいにく同書では、これ以上踏み込んだ分析はなされていない。しかしながら、賃金水準面で大企業と比べて不利な立場にある中小企業は、大企業以上に魅力的な職場を提供しなければ人材の確保及び継続雇用が困難となる可能性があることに鑑みると、中小企業が従業員と真摯に向かい合うのはある意味では当然なのかもしれない。いずれにせよ、多様な人材を雇用し、世界・日本の市場に通用する製品・サービスを製造・提供することが可能なレベルにまで人材を育て上げる能

6　たとえば、人権教育啓発推進センター（2015: 8-9）が論じている有限会社野口石油など。

力は、大卒・院卒からの一括採用が主流となっている日本の大企業よりも、中小企業においてこそ求められてきたのではないだろうか。つまり、日本の中小企業が有していると思われる多様な人材の雇用・育成という能力は、大企業と比較して中小企業が人材採用面で圧倒的不利な状況に置かれているがために磨かれた中小企業独自の強み・資源であると解釈することも可能かもしれない。

　他方、海外に目を向けても、多様な人材の雇用・育成は依然大きな課題として横たわっている。たとえば、ASEANを含む多くの途上国が所得格差是正・社会の安定化・持続的経済発展を実現するためには、教育水準が高い富裕層ではなく、一般的に教育水準が低い貧困層向けに仕事を創出する必要がある（大塚 2014: 108, 150, 224）。また、紛争後の国・地域において行われるDDRと略称される武装解除・動員解除・社会復帰のための活動では、失業した兵員の雇用確保が平和と安定を促進するうえで不可欠であり、そこでは企業の役割が重要とされている（佐藤、水田 2008: 19）。

　つまり、ASEANをはじめとする途上国においては、教育水準が低い貧困層や除隊兵士などの「多様な」人材の雇用と育成が強く求められているのである。従って、過去の経験や学歴を問わず多種多様な人材を雇用・育成することに強みを持つ日本の中小企業は、国内での経験を活かした人材雇用・育成に関する取り組みを海外展開を通じて行うことで、相手国での格差是正や社会の安定、平和の定着といった面においても貢献できる可能性・潜在性を有しているのではないだろうか。

4. 社内への貢献

　本章の最後に、日本の中小企業が国際協力志向型海外展開を行うことで果たし得る社内への貢献を、人材育成及び収益改善・事業拡大それぞれの観点から考えてみる。

(1) 人材育成

　中小企業の国際協力志向型海外展開を通じた人材育成面における貢献を考えるうえでは、前述の日建がカンボジアで取り組む地雷除去を目的とした事業が参考になる。地雷除去という社会貢献に主眼を置く同社の事業においては、次の通り、高い人材育成効果が発現していることが確認できる。

　　地雷に苦しむ人々の役に立つ機械を作り上げるという使命を胸に、昼夜を問わず開発を行うスタッフのモチベーションは高く保たれていました。（中略）得意先に営業に行った社員たちが、よくこんな声をかけられるそうです。「君たちの会社、地雷除去機をつくっているなんてすごいね」。こうした周囲の反応が、社員の喜びとなり、モチベーションになる。地雷除去活動を通じてお金にはかえられない"価値"が生まれたことで、「自分が責任と誇りを持って仕事をしていく」という意識へ自然と変化していくのです[7]。

　この日建の事例からは、海外展開の目的や対象とする事業の社会貢献度合いを社員が感じやすいほど、つまりは国際協力を志向すればするほど、人材育成面での効果や影響もより一層大きくなり得ることが示唆される。この点については、次のような議論からも支持される。

　まず、日本中小企業学会副会長を歴任する佐竹隆幸は、企業にとって重要なのは社員満足であるが、企業が社会的貢献や責任を果たすことで社員満足が高まり、人材が育成されるという（佐竹 2017: 331）。また、許伸江は、「社会的課題を解決しているという自負が、「非経済的・非合理的」かもしれないが、社員に大きな達成感と満足を与え、業務に好影響を与える」（許 2015: 88）と指摘する。これらの点は、通常の海外展開におい

7　日建ホームページより引用（2019年2月19日アクセス）。

て従業員の士気向上が確認された企業の割合が約37％（日本政策金融公庫総合研究所 2017: 7）であるのに対して、国際協力志向型の海外展開において人材の育成・成長（意識変化）が確認された企業の割合が約77％（国際協力機構 2018: 34）となっていることから、定量的にも支持される。

　加えて、現代経営学の父といわれるピーター・F・ドラッカーは、「貢献に焦点を合わせるということは、人材を育成するということ」（ドラッカー 2000: 87）であり、「貢献に焦点を合わせるならば、部下、同僚、上司を問わず、他の人の自己啓発を触発することにもなる」（同書: 93）と述べ、貢献を軸とした人材育成の効果は当事者のみならず他者にまで波及する可能性があることを指摘している。こうした人材育成における波及効果は、日本の中小企業が国際協力に重きを置いた海外展開を行う場合にも、発現するものと考えられる。つまり、日本の中小企業は、貢献度合いを感じやすい国際協力志向型の海外展開に取り組むことによって、海外展開に直接従事している人材のみならず、海外展開従事者の同僚や部下、上司、そして取引先などの社外の人材の育成においても貢献し得ると考えられる。

(2)収益改善・事業拡大

　国際協力志向型海外展開は、通常の海外展開と比較して人材育成効果が高くなることが想定される反面、収益改善・事業拡大の実現においては通常の海外展開よりも困難の度合いが高まる可能性もある。国際協力志向型海外展開に果敢に挑戦する日建も、収益改善・事業拡大においては、次の通り相当な困難に直面している。

　当時［1995年］、油圧ショベル式の対人地雷除去機は誰も見たことすらない未知のものでした。何をするにもゼロから考えて試行錯誤を繰り返すため、開発コストは積み上がるばかり。他部門の収益で穴埋めすることで、なんとか続けているというのが実際のところだったのです。（中

略）2000年になり、カンボジアとアフガニスタンに対人地雷除去機の第一号機を納入。合計3台を販売できたとはいえ、プロジェクトのスタートから5年間で積み上がった数億円の開発コストの回収は、夢のまた夢といった状況でした。（中略）開発コストを回収するまでには、あと何十年もかかってしまうかもしれません。しかし、すでに世界9カ国へ合計110台（※2016年3月現在）の対人地雷除去機を納入したことで、徐々に事業として成立する兆しが見えてきています[8]。

　また、国際協力志向型海外展開の収益改善・事業拡大の困難さは、通常の海外展開において売上増加が確認された企業の割合が約62％（日本貿易振興機構 2018: 7）に上るのに対して、国際協力志向型の海外展開において売上が増加した企業はわずか約13％（国際協力機構 2018: 36）にとどまっていることから、定量的にも支持される。

　ドラッカーがいう「社会の問題の解決を事業上の機会に展開することによって自らの利益とすることこそ、企業の機能」（ドラッカー 2001: 97）であり、「企業をはじめあらゆる組織が、社会の深刻な病気のすべてに関心を払わなければならない。できれば、それらの問題を、組織の貢献と業績のための機会に転換しなければならない」（同書: 104）ことに筆者も全く異論はない。しかしながら、日本の中小企業が、国際協力志向型の海外展開を行う場合には、収益改善・事業拡大を実現するのは決して容易ではないことにも留意する必要がある。そのため、企業による自助努力に加えて、国際協力志向型海外展開に取り組む中小企業に対する粘り強い支援というものが、今後より一層求められているといえよう。

8　日建ホームページより引用（2019 年 2 月 19 日アクセス）。

おわりに

　以上本章では、国際協力志向型の海外展開に取り組む日本の中小企業は、裾野産業育成や地方開発、復興支援といった分野における相手国への貢献のみならず、人材育成を通じた社内への貢献を果たし得ることを明らかにすることを試みた。また、国際協力志向型の海外展開は、通常の海外展開と比較して、収益改善や事業拡大の実現がより一層困難となる可能性があることも指摘した。

　最後に、本章の制約について言及したい。それは、本章が考察の対象としている国際協力志向型海外展開を通じて果たし得る貢献については、日本の中小企業のみならず、日本の大企業やベンチャー企業による海外展開においても一定程度当てはまる可能性を排除しきれないという点である。そもそも、中小企業による国際協力志向型の海外展開が本格化されて間もないということもあり、関連する先行研究の蓄積は限定的である。他方、日本の大企業のODA事業への参画等を通じた海外展開は長年行われており、関連する研究も比較的多く存在するものと思われる。従って、大企業の国際協力志向型海外展開に伴う国内外での貢献や影響に関する先行研究の検討結果を、中小企業やベンチャー企業の国際協力志向型海外展開に関する考察に援用していくことについては、今後の研究課題としたい。

参考文献

稲盛和夫（2010）『アメーバ経営』日本経済新聞出版社。
大塚啓二郎（2014）『なぜ貧しい国はなくならないのか——正しい開発戦略を考える』日本経済新聞出版社。
大野泉（2014）『新しい時代の日本の開発協力——「連携型協力」のすすめ』
http://www.sridonline.org/j/doc/j201414s03a03.pdf（2019 年 2 月 21 日アクセス）。
大野健一（2015）「ものづくり中小企業の海外進出——政策論」、大野

泉編著『町工場からアジアのグローバル企業へ——中小企業の海外
進出戦略と支援策』第1章、中央経済社。

国際開発委員会（大来佐武郎訳）（1969）『開発と援助の構想——ピ
アソン委員会報告』日本経済新聞社（Pearson, L.B.（1969）*Partners in
Development: Report of the Commission on International Development*, Pall Mall Press）。

許伸江（2015）「中小企業のCSRの特徴と課題」『日本中小企業学会論
集』第34号、79-91頁。

国際協力機構、八千代エンジニヤリング株式会社、株式会社オリエン
タルコンサルタンツグローバル（2017）『ミャンマー国貧困削減地
方開発事業（フェーズ2）準備調査最終報告書』国際協力機構。

国際協力機構（2018）『【ウェブ掲載版】アンケート調査結果の分析
報告書——中小企業海外展開支援事業に係る事後モニタリング調査
（2017年度）』

https://www.jica.go.jp/priv_partner/about/ku57pq00002aw0iw-att/ex-post_
monitoring_2017.pdf（2019年2月8日アクセス）

——（2019）『中小企業・SDGsビジネス支援事業』

https://www.jica.go.jp/priv_partner/about/ku57pq00002aw0iw-att/ind_
summary_ja_201902.pdf（2019年2月8日アクセス）

坂本桂一（2010）『新規事業成功の〈教科書〉——200社以上に命を
吹き込んだプロ中のプロが教える』東洋経済新報社。

佐竹隆幸（2017）「中小企業の存立とソーシャル・イノベーション」、
佐竹隆幸編著『現代中小企業のソーシャル・イノベーション』同友館。

佐藤安信、水田愼一（2008）「平和構築への企業の貢献——企業平和
責任（CPR）を問う」、功刀達朗、野村彰男編著『社会的責任の時代
——企業・市民社会・国連のシナジー』第1章、東信堂。

人権教育啓発推進センター（2015）『平成26年度企業の社会的責任
と人権——セミナー概要』

http://www.chusho.meti.go.jp/soudan/jinken_pamf/download/151009CSR.
pdf（2019年2月21日アクセス）。

末廣昭（2014）『新興アジア経済論——キャッチアップを超えて』岩
波書店。

関智宏（2015）「ものづくり中小企業のタイ進出の実態と課題——ネッ
トワーキングとビジネスの深耕」、大野泉編著『町工場からアジア
のグローバル企業へ——中小企業の海外進出戦略と支援策』第5章、
中央経済社。

中小企業庁（2015）『2015年版中小企業白書——地域発、中小企業
イノベーション宣言』中小企業庁。

——（2016）『中小企業・小規模事業者の現状と課題』

http://www.chusho.meti.go.jp/koukai/shingikai/kihonmondai/2016/
download/161031kihonmondai04.pdf（2019年2月20日アクセス）。

ドラッカー、ピーター・F（上田惇生訳）（2000）『プロフェッショナ
ルの条件——いかに成果をあげ、成長するか』ダイヤモンド社。

──（2001）『マネジメント──基本と原則』ダイヤモンド社。

──（2002）『ネクスト・ソサエティ──歴史が見たことのない未来がはじまる』ダイヤモンド社。

日本政策金融公庫総合研究所（2017）『中小企業による輸出の実態──「輸出への取り組みに関するアンケート」から』日本政策金融公庫総合研究所。

日本貿易振興機構（2018）『2017年度日本企業の海外事業展開に関するアンケート調査（ジェトロ海外ビジネス調査）結果概要』日本貿易振興機構。

中沢孝夫（2014）『中小企業の底力』ちくま新書。

馬場敏幸（2005）『アジアの裾野産業──調達構造と発展段階の定量化および技術転移の観点より』白桃書房。

細貝淳一（2013）『下町ボブスレー──東京・大田区、町工場の挑戦』朝日新聞出版。

山崎裕司（2009）『談合は本当に悪いのか』宝島社。

山田満（2016）「東南アジア・同境界地域の紛争解決と平和構築──深南部タイとミンダナオの二つの紛争を事例として」『国際政治』第185号、17-32頁。

渡辺幸男、小川正博、黒瀬直宏、向山雅夫（2013）『21世紀中小企業論──多様性と可能性を探る（第3版）』有斐閣。

執筆者紹介
(掲載順)

吉川健治（よしかわけんじ）【編者】
♦**現職** 東洋英和女学院大学国際社会学部教授
♦**学歴** 早稲田大学大学院社会科学研究科博士後期課程満期退学
♦**専攻** 国際協力論

水野和夫（みずのかずお）
♦**現職** 法政大学法学部教授
♦**学歴** 埼玉大学経済科学研究科博士課程修了（博士、経済学）
♦**専攻** 現代日本経済論

岡伸一（おかしんいち）
♦**現職** 明治学院大学社会学部教授
♦**学歴** 早稲田大学大学院商学研究科博士後期課程単位取得退学
♦**専攻** 社会保障論、国際社会保障論

湯本浩之（ゆもとひろゆき）
♦**現職** 宇都宮大学留学生・国際交流センター教授・副センター長
♦**学歴** 立教大学大学院文学研究科教育学専攻博士課程後期課程中退
♦**専攻** 開発教育論・グローバル教育論

高﨑春華（たかさきはるか）
♦**現職** 東洋英和女学院大学国際社会学部専任講師
♦**学歴** 九州大学大学院経済学府博士後期課程修了・博士（経済学）
♦**専攻** ヨーロッパ経済論

是永和夫（これながかずお）
♦**現職** 一般社団法人日韓経済協会専務理事
♦**学歴** 成蹊大学法学部政治学科卒業
♦ 元三菱商事株式会社アフリカ地域担当役員

丸山隼人（まるやまはやと）
♦**現職** 早稲田大学大学院社会科学研究科博士後期課程在籍中
♦**学歴** スペイン ハイメ一世大学平和・紛争・開発学修士課程修了
♦**専攻** 国際協力論、中小企業論（中小企業診断士）

【編者】吉川健治（よしかわ・けんじ）
東洋英和女学院大学国際社会学部教授

東洋英和女学院大学社会科学研究叢書 8

国際協力の行方
——経済・開発・オルタナティブ

2020 年 3 月 26 日　初版発行

東洋英和女学院大学　国際関係研究所

発行者　三浦衛

発行所　春風社　*Shumpusha Publishing Co.,Ltd.*

横浜市西区紅葉ヶ丘 53　横浜市教育会館 3 階
〈電話〉045-261-3168　〈FAX〉045-261-3169
〈振替〉00200-1-37524
http://www.shumpu.com　✉ info@shumpu.com

装丁・レイアウト　矢萩多聞
印刷・製本　シナノ書籍印刷株式会社